KB206221

아미타불 수행법

청화 큰스님 외

솔과학
Solkwahak

아미타불 수행법

청화 큰스님 외

목차

제4장 인간 정토를 실현하는 원리

제5장 극락세계 유람기

제6장 보리 방편문

제7장 삼신일불

제8장 극락세계 발원문

머리말

우리 인간은 누구나가 다 고뇌와 빈곤이 없는 안락하고 풍요로운 행복을 간절히 구하고, 생로병사가 없는 영생永生의 이상향을 그리는 사무친 향수를 지울 수가 없습니다. 그래서 인간의 모든 문화 형상은 비록 깊고 얕은 차이는 있을지라도, 모두가 다 한결같이 인생 고苦의 구제와 진정한 자유를 그 구경 목적으로 하고 있으며, 다만 그 목적을 실현하는 방법에 차이가 있을 뿐입니다.

그런데 정작 인간의 고액苦厄을 구제함에는 먼저 인간의 본질, 곧 참다운 자아自我가 무엇인가를 분명히 알아야 할 것이요, 이러한 문제를 해결하려는 모든 종교·철학 가운데서, 인간의 근본 바탕을 가장 철두철미하게 밝히고, 영원한 안락의 경계에 인도하는 가르침이 불교임은 어느 누구도 부인하지 못할 것입니다.

그리고 불교의 많은 가르침 중에서도 일체 중생을 구제하려는 부처님의 거룩한 서원誓願과 부사의한 공덕으로 장엄된 이상향理想鄕, 곧 극락세계를 너무도 생생하고 인상적으로 밝히신 경전이 정토삼부경淨土三部經입니다. 이는 무량수경無量壽經, 관무량수경觀無量壽經, 아미타경阿彌陀經을 말합니다.

그런데 부처님께서 말씀하신 극락세계란 욕계欲界·색계色

界· 무색계無色界 등 중생이 생사윤회生死輪廻 하는 삼계三界의 차원을 넘어 선 영원히 안락한 복지福地로서 시간·공간과 인과율을 초월한 경계이며, 우리 중생이 필경 돌아가야 할 마음의 고향입니다. 그리고 그것은 허명무실虛名無實한 방편가설方便假說이 아니라 엄연한 영생불멸의 실존이며, 우리들의 올바른 수행으로 업장이 소멸할 때, 우리 스스로 보고 느끼고感見 누리는受用 상주불변常住不變한 법락法樂의 경계입니다.

정녕 우리 중생은 본래의 자성自性이 아미타불이요, 우리가 본래 살고 있는 고향은 극락세계인데, 짓궂은 번뇌 업장에 가리워 미처 깨닫지 못하고 그지없이 생사고해生死苦海에서 방황하다가 다행히 부처님의 교법敎法을 만나서, 비로소 참다운 자아自我와 진정한 고향인 극락세계로 돌아가게 되는 것입니다.

실로 영원불멸한 우주 자체의 대생명大生命이 바로 부처님이요, 그 부처님의 대명사가 아미타불이며 부처님의 자비화신이 관세음보살이요, 부처님의 지혜화신이 대세지 보살입니다. 그것은 마치 무궁한 태허太虛에 음陰과 양陽의 이원二元이 원융하게 작용하여 만유萬有가 생성하는 것과 비슷한 도리입니다. 이렇듯 우주 스스로가 그대로 신비 부사의한 부처님입니다. 우주에는 언제나 모든 중생을 구제하는 부처님의 서원이 충만해 있기 때문에, 우리들이 아미타불이나 관세음보살을 생각하고 외우며 부르는 것은, 그것이 바로 부처님과 상통하고 부처님의 가호加護를 입게되는 깊은 인연이 되지 않을 수 없습니다. 그래서 진정한 자아로 돌아가는 성불의 계기가 되고, 또한 극락세계에 태어나는 결정적인 선근善根이 되는 것입니다. 여기에 부처님으로부터 베풀어지는 타력他力과 자기 수행의 자력自力이 어울려 감응感應하는 깊은 의의가 있습니다.

그리고 우리들이 참다운 실상세계實相世界인 극락세계의 장엄 찬란한 경계를 흠모하고 동경하며, 우주 자신의 이름이요 우리 본래면목本來面目의 이름이기도 한 아미타불이나 관세음보살을 일심으로 생각하며 그 이름을 외우고 부르는 것은, 우리 범부 중생이 찰나 찰나에 끊임없이 부처님을 자각하면서 부처가 되어가는 절실하고 안온한 성불의 첩경捷徑이 아닐 수 없습니다.

그러기에 마음에 아미타불과 극락세계의 실상을 여의지 않는 염불은 이른바 실상염불實相念佛이요, 보왕삼매寶王三昧로서, 바로 진여자성眞如自性을 여의지 않는 염불선念佛禪이 되는 것입니다. 그래서 자력自力과 타력他力, 관觀과 염念, 정定과 혜慧를 함께 쌍수 하는 심심미묘한 염불공덕이 있게 되는 것입니다.

이러한 염불선念佛禪은 불성佛性에 들어맞는(契合) 천연자연天然自然한 수행법이기 때문에 모든 수법을 종합 포섭하였습니다. 또한 종파宗派를 초월한 가장 보편적인 행법行法일 뿐 아니라, 분열 투쟁의 역사적 위기에 직면한 불안한 현시대에 가장 시기상응時機相應한 안락법문安樂法門이 아닐 수 없습니다.

그런데 아미타불과 극락세계를 말씀하신 경전은 화엄경·법화경·열반경·능엄경등 실로 2백 수십 부에 달합니다. 특히 화엄경의 입법계품入法界品에는 보현보살이 선재동자를 깨우치는 법문이 있습니다. 그 가운데, '원하옵건대 목숨이 마치려 할 때 온갖 장애가 소멸되어 극락세계에 태어나 아미타불을 뵈올지어다'라고 찬탄하였고, 보적경寶積經에는 석존께서 아버지이신 정반왕에게 염불하여 극락에 왕생하기를 간절히 권하셨습니다.

그리고 마명馬鳴,(불멸 후 600년경) 보살의 기신론起信論·용수龍樹,(B.C 2~3세기)보살의 십주비바사론十住毘婆娑論과 지도론智度論 또한 세친世親,4~5세기 보살의 정토론淨土論 등에서도 염불은 부처님의 무량공덕과 근본서원本院을 확신하는 수행이기 때문에 불·보살과 감응感應하고 불·보살의 가피를 입어, 마치 순풍에 돛단 배와도 같이 수행하기 쉽고 성불하기 쉬운 이른바, 이왕이수易往易修의 행법行法임을 찬양하였습니다.

또한 중국에서도 혜원慧遠,(332~414)·천태天台(583~597)·선도善導(613~681)·영명연수永明延壽(904~975)·중봉中峰(1263~1323)·연지蓮池(1536~1615) 대사 등 염불을 창도하여 자행화타自行化他한 선지식들은 이루 헤아릴 수 없습니다. 또 우리나라에서도 신라의 원효元曉(617~686) 대사와 같이 염불을 주종으로 한 이는 말할 것도 없고, 자장慈藏(600년경)·의상義湘(625~702)대사 등과, 고려의 대각大覺(1055~1101)·보조普照(1158~1210)·태고太古(1301~1382)·나옹懶翁(1320~1376)대사 등과, 이조에서는 함허涵虛(1376~1433)·서산西山(1520~1604)·사명四溟(1544~1610)대사 등이 선禪과 염불을 융합한 선정일치禪淨一致의 견지에서 염불을 역설하였습니다. 특히 서산 대사는 그의 선가귀감禪家龜鑑에서 '마명馬鳴과 용수龍樹가 다 높은 조사祖師이면서 염불왕생을 권장하였는데, 내가 무엇이기에 염불을 안할까보냐'라고 간절히 염불을 권면하였습니다.

그런데 아미타불은 다만 극락세계의 교주敎主이실 뿐 아니라 법신法身·보신報身·화신化身의 삼신을 겸전한 삼세三世일체불一切佛의 본체로서, 그 영원한 생명과 자비를 위주로 할 때는 무량수불無量壽佛이요, 무한한 지혜공덕을 위주로 할 경우에는 무량광불無量光佛이며, 대자대비大慈大悲를 위주로 할 때는 관세음보살입니다. 그래서 여러 경전에는 수없이 많은 부처님의 명호가 나오나, 필경 아미타불인 동일한 부처님의 화도化導의 인연에 따른 공덕의 이름에 지나지 않습니다.

소용돌이 치는 현대문명의 폭류 속에서 비록 우리들의 착잡한 인연이 성불의 대도大道로 직행 할 수는 없다고 할지라도, 우리 중생이 필경 돌아가야 할 고향인 극락세계와 본래자성인 아미타불을 염불하는 보편적인 인생관과 그에 따른

성실한 수행은 계속 되어야만 합니다.

그래서 우리 고해苦海 중생은 일체 현상이 모두 몽환포영夢幻泡影과 같은 허망무상虛妄無常한 가상에 지나지 않음을 신인信認 해야합니다. 그러므로 매번 최상 행복인 극락세계의 영상을 지니며, 최상의 개념인 아미타불을 염불하는 생활은 우리 자신을 정화하여 그만큼 성불의 경계에 다가서게 할 것입니다. 이는 곧 영생의 대도大道에서 물러서지 않는 불퇴전의 결정신심決定信心을 간직하게 될 것입니다.

또한 그러한 염불생활은 현대인의 불안의식과 사회적 혼란을 극복하는데도 다시없는 청량제가 될 것임을 확신하는 바입니다. 그래서 그것은 잃어버린 진아眞我의 회복과 분열된 조국의 광복光復과 인류의 영원한 평화와 복지福地를 위한 가장 근원적이고도 최상의 길이기도 합니다.

산승山僧이 미급함을 무릅쓰고 「정토삼부경」을 번역하는 간절한 비원悲願이 바로 여기에 있습니다.

끝으로 이번 불사佛事에 동참하여 주신 여러 불자님들께 충심으로 감사의 합장을 드리며 모든 유연불자有緣佛子들과 더불어 다시금 극락왕생을 다짐하는 바입니다.

1980년 4월 8일 석존탄신일

월출산 상견성대에서

비구 청화 합장

제1장

해 제

해제解題

1. 개설概說

정토삼부경淨土三部經은 극락세계의 교주이신 아미타불을 신앙하고 선근공덕善根功德을 닦아서 극락세계에 태어남(왕생)을 그 내용으로 하는 경전이다. 이는 무량수경無量壽經과 관무량수경觀無量壽經과 아미타경阿彌陀經을 말한다.

그런데 극락정토, 곧 극락세계란 흐리고 악한 예토穢土가 아닌 이른바 오탁악세五濁惡世를 여의고 욕계·색계·무색계의 삼계三界를 뛰어넘은 청정하고 안락한 이상적인 처소를 말한다. 그래서 경經에는 청정토淸淨土·안락국安樂國·불토佛土·불국佛國등의 이름이 있다.

그러기에 극락정토란 불·보살의 한량없는 공

덕의 과보果報로 수용受用하는 청정한 보토報土요 상주불멸常住不滅한 실상이며, 모든 중생이 번뇌를 여의고 필경 돌아가야 할 영생의 고향이기도 하다. 경전에는 아촉불阿觸佛의 정토·약사여래藥師如來의 정토·문수보살의 정토·미륵보살의 정토 등 여러 정토를 말한 데도 있다. 그러나 모든 정토의 대표적이며 일반적으로 갈앙渴仰하고 흠모하여 신앙의 대상이 되어 온 것은 아미타불의 극락정토, 곧 극락세계에 관한 교설이다.

그래서 아미타불과 극락세계에 관한 교법은 현존하는 장경藏經 중에 실로 2백여 부에 달하며, 또한 그에 따른 여러 스님네들의 저서는 이루 헤아릴 수 없을 정도로 많은 것이다.

그리고 역사적으로 보더라도 인도를 위시하여 서장(티베트)·중국·한국·일본 등으로 가장 널리 유통되어, 참으로 불교문화의 정화精華이며 민간 신앙의 표본이 되어 온 것이다.

그런데 현대에 와서 불교계에는 이미 알려진 제한된 사료史料와 고증考證을 근거로, 또는 범부의 지견知見으로 분별하여 모든 대승 경전이 불설佛說이 아니라는 이른바 대승비불설大乘非佛說은 거의 정설定說처럼 되어있다.

그래서 정토사상의 발생과 「정토삼부경」의 성립 년대에 대해서도 석존이후 대승불교가 발생할 무렵, 어느 대승의 학장學匠에 의하여 이루어졌으리라고 주장하는 이들이 많다. 그러나 그러한 문제는 부정도 긍정도 할 수 없다.

그러한 사료史料를 위주한 실증적 자세가 학구적인 분야에서는 필요한 일이기도 할 것이다. 그러나 순수한 신앙의 견지에서 생각할 때는 부처님의 부사의한 일체종지一切種智와 과거 2천여 년을 통하여 「정토삼부경」을 불설佛說로 확신하여 온 수많은 조사 스님들의 법력을 의심하게 되고, 또한 자성에 본래 갖추어져 있는 삼명육통三明六通

을 불신하는 경향이 되지 않을까 우려하지 않을 수 없다.

정토삼부경을 불설로 확신하여 온 조사 스님들 가운데는 숙명통宿命通을 통달하여 석존 당시를 꿰뚫어 보는 이도 많았으리라고 생각된다. 그러기에 극락정토를 발원發願하는 불자들은 부질없는 분별에 마음을 팔지 말고 정토삼부경 그대로 신인信認하고 그대로 수행함이 불·보살의 본회本懷이며 극락 왕생의 첩경이라 믿는 바이다.

2. 무량수경無量壽經

1) 한문 번역

무량수경은 중국에서 열두 번이나 번역되었다고 하나 이른바 오존칠결五存七缺이라 하여 현재는 오역五譯만 남아 있고 칠역七譯은 산실散失 되었다고 한다.

이 한문 번역은 천축天竺(인도)의 삼장법사 강승개康僧鎧가 중국의 조위曹魏때 그 가평嘉平 4년(AD.252) 낙양洛陽 백마사百馬寺에서 번역하였다. 여기에서는 그 유포본流布本을 위주로 하였다.

2) 내용

무량수경은「대무량수경大無量壽經」또는「대경大徑」이라고도 하며 상·하 두 권으로 되어있다. 일찍이 석존께서 기사굴산에 계실 때, 아난 존자와 수많은 제자들을 상대로 하여 광명이 무량하고 수명이 무한하신 아미타불의 극락세계에 관한 한량없는 공덕과 거룩한 장엄을 설하신 경전이다.

그 상권에는 아미타불이 극락정토를 건설하게 된 원인과 그 과보果報를 설법 하셨는데, 아미타불께서 일찍이 법장보살法藏菩薩이었을 적에 세자재왕불世自在王佛의 처소에서 가장 훌륭한 공덕만을 선택하여 최선의 이상국理想國을 세우고자 큰 서원誓願을 발하였다.

그것은 사십팔 종의 서원인데, 그 내용을 요약하면 '선인善人도 악인도 현명한 이도 어리석은 이도 나의 원력願力을 믿고 따르는 이는 모두 반드시 구제하여 극락세계에 태어나게 하리라. 만약 이 일이 성취되지 않는다면 나는 차라리 부처가 되지 않겠다' 고 맹세하였다. 그래서 이 서원을 성취하기 위하여 영겁永劫의 오랜 세월을 두고 온갖 수행을 거듭하였다.

그리하여 법장 보살은 서원을 성취하여 아미타

불이 되시고 공덕과 장엄이 원만히 갖추어진 극락세계를 세우신 것이다.

그런데 법장 보살이 아미타불이 되신 이러한 성불成佛의 인연설화因緣說話는 비단 아미타불에만 국한한 성불의 인연만은 아니며, 과거·현재·미래 삼세의 모든 부처님들의 성불인연의 의미이기도 하다. 그것은 바로 우리 자신의 성불의 도정道程이 되는 동시에 영생상주永生常主한 진여법성眞如法性의 부사의한 일대행상一大行相인 것이다.

그 하권에서는 중생이 극락세계에 왕생하는 원인과 그 과보를 설법 하셨는데, 중생이 극락에 왕생하는 원인에는 염불해서 왕생하는 이도 있고, 또는 다른 선행善行을 닦아서 왕생하는 이도 있다고 하셨다. 이러한 공덕들은 모든 부처님들께서도 칭찬하시고 권장하신다고 말씀하셨다.

그리고 중생이 극락세계에 왕생한 과보를 설하

셨는데 관세음보살과 대세지보살이 극락세계에 왕생한 맨처음이라고 하셨다. 또한 극락에 왕생한 이는 누구나가 다 삼십이 대인상大人相을 갖추고 지혜가 원만하며 신통력이 자재하여 시방세계의 부처님들을 공양하며, 또는 나와 나의 소유所有라는 상相이 없고 언제나 남의 행복만을 바라며 마음이 평정平靜하여 감정의 파동이 일지 않고, 매양 모든 중생을 제도하고자 하는 자비심이 충만함을 말씀하셨다.

그런데 부처님의 부사의하고 무한한 지혜 공덕을 신信하지 않고는 극락세계에 왕생할 수 없는 것이니, 모름지기 부처님에 대한 깊은 신앙심을 간직하고 오악五惡을 짓지 말고 오선五善을 닦을 것을 간절히 당부하셨다. 또한 먼 후세에 설사 모든 경전이 없어질지라도 나는 자비로서, 특히 이 「무량수경」만은 백세 동안 더 오래 머물게 하리라고 굳게 다짐하셨다.

3. 관무량수경觀無量壽經

1) 한문 번역

서역西域의 승 강량야사薑良倻舍(383~442)가 중국의 유송劉宋 원가元嘉 10년(AD. 433)에 번역하였다.

2) 내용

관무량수경은 「십육관경十六觀經」 또는 약略하여 「관경觀經」이라고도 한다.

석존께서 만년에 기사굴산에 계실 적에 왕사성에서 큰 비극이 일어났다. 그것은 태자 아사세가 제바달다의 사주使嗾를 받아 왕위를 빼앗기 위하여 부친인 빈비사라왕을 가두고, 아버지를 옹호하는 어머니인 위제희 부인마저 가두어 버렸다.

이에, 위제희 부인은 못내 슬퍼하여 멀리 석존의 왕림을 기원하였다. 그래서 석존께서는 아난존자와 목련 존자를 데리고 신통력으로 부인의 처소에 나투셨다.

그리고 자신이 광명 속에서 시방세계의 정토를 나타내시어 부인에게 보였다. 부인은 모든 괴로움이 없고 안락만이 충만한 극락세계에 왕생할 것을 바라고 극락세계에 태어날 방법을 가르쳐 주시기를 석존에게 애원하였다.

그래서 석존께서는 부인을 위하사 십육관十六觀의 수행법을 설하셨다. 그것은 정선定善 십삼관十三觀과 산선散善 삼관三觀으로서, 정선이란 산란한 생각을 쉬고 마음을 고요히 하여 극락세계의 국토와 부처님과 보살들을 점차로 관조觀照함을 말한다.

석존께서 이를 설하시는 동안 일곱 번째인 화좌관華座觀을 설하실 적에, 부인을 위하여 모든 고뇌를 없애는 법을 설하시겠다고 말씀하실 때 홀연히 아미타불이 허공 중에 나투시니, 부인은 환희에 넘쳐 아미타불을 예배하고 깊은 신심信心을 일으켜 바른 깨달음을 얻었다.

석존께서는 정선定善 십삼관十三觀을 설하시고 나서 다시 산선散善 삼관三觀을 설 하셨는데, 산선이란 산란한 마음이 끊어지지 않은 채, 악을 범하지 않고 선을 닦는 것을 말한다. 그런데 그 산선이란 이른바 삼복三福이라 하여 세간의 선과 소승小乘의 선과 대승大乘의 선을 가리킨다.

다시 석존께서는 이 삼복을 중생의 근기에 배당하여 구품九品으로 구분하셨다. 그 중에서 상품상생上品上生과 상품중생上品中生과 상품하생上品下生의 삼품은 대승의 근기로서 대승선大乘善을 닦아서 극락에 왕생함을 말하고, 중품상생中品上生과 중품중생中品中生의 이 품은 소승의 근기로서 소승선小乘善을 닦아서 극락에 왕생함을 말하며, 중품하생中品下生의 일품은 세간世間의 근기로서 세간선世間善을 닦아서 극락에 왕생함을 말한다.

그리고 하품상생下品上生과 하품중생下品中生과 하품하생下品下生의 삼품은 이른바 삼복무분三福無分 이라 하여 조금도 선행을 닦은 바가 없는 악인이라 할지라도, 다만 지성어린 염불만으로도 극락세계에 왕생할 수 있다고 설하였다.

끝에 가서 석존께서는 다시금 아미타불 염불을 찬탄하사 이것이 가장 수승한 극락왕생의 길이니, 지성으로 믿고 간직하도록 간곡히 당부하셨다.

석존의 설법이 끝나자, 위제희 부인은 진리의 실상을 깨닫는 무생법인無生法忍을 훤히 통달하고, 오백의 시녀들도 또한 깊은 신심을 일으켰다.

4. 아미타경阿彌陀經

1) 한문 번역

구자국龜茲國의 삼장법사三藏法師 구마라습鳩摩羅濕(350~409)이 중국의 요진姚秦 때 2세 요흥왕姚興王의 칙명을 받고 홍시弘始 4년에 번역하였다.

2) 내용

아미타경은 약하여 「소경小經」이라고도 하는데 석존께서 사위국의 기수급고독원에서 사리불 존자를 상대로 하여 설하신 법문이다. 「대무량수경」과 「관무량수경」의 뒤를 이어 두 경전의 뜻을 요약했다고 할 수 있으며, 극락세계의 찬란한 공덕장엄과 그 극락에 왕생하는 길을 밝히신 경전이다.

먼저 극락세계의 위치와 그 이름을 풀이하시고, 극락세계의 칠보 나무와 칠보 연못과 칠보 누각과 미묘하고 청아한 음악 등, 부사의하고 찬란한 장엄을 찬탄하시고, 극락세계에는 바로 지금 아미타불께서 설법하고 계신다고하셨다.

그리고 광명이 무량하고 수명이 무한하므로 아미타불이라 이름하며, 극락세계에 왕생하는 중생도 또한 무량한 광명과 무한한 수명을 얻는다고 찬양하셨다. 그런데 극락세계에 왕생하기 위해서는 작은 선 근善根이나 작은 복덕으로는 불가능하니, 깊은 선근과 많은 복덕이 되는 염불에 의하여 극락에 왕생하라고 권하셨다.

또한 동・서・남・북과 상・하 육방六方의 헤아릴 수 없는 모든 부처님들께서도 염불공덕의 위대함을 찬탄하고 증명하신다 하셨다. 그래서, 이렇듯 모든 부처님들께서 깊이 기억하시고 옹호하시는 부사의한 공덕이 있는 '염불'을 하라고 간곡히 타이르셨다.

요컨대 다른 경전들은 거의가 제자들의 간청에 의하여 설하신 법문인데, 이 아미타경은 이른바 무문자설경無問自說經이라 하여 석존께서 자진하여 설하신 경전으로, 석존께서는 세상에 나오신 근본 의의意義인 중생 구제의 참 뜻을 밝히신 귀중한 법문임을 절감하지 않을 수 없다.

5. 아미타불阿彌陀佛

아미타불을 줄여서 '아미타' 또는 '미타'라고도 하며 범본경전梵本經典에는 아미타유스붇다(Amitayus-Buddha 무량수불) 아미타바붇다(Amitabha-Buddha 무량광불)의 이름이있고, 밀교密敎에서는 아밀리타붇다(Amrta-Buddha 감로왕불)의 이름 등이 있으나 보편적으로 아미타불이나 무량수불로 불리워 지고 있다.

「정토삼부경」에는 구원겁九遠劫 전에 법장 보살이 사십팔원四十八願을 세워 조재영겁兆載永劫의 오랜 수행을 쌓고 이미 십겁十劫 전에 성불하여 현재 서방 극락세계에서 설법하고 계신 부처님을 아미타불이라 한다.

그리고 밀교에서는 법신法身(陀) · 보신報身(彌) · 화신化身(阿)의 삼신을 겸전한 부처님이 아미타불이라 하였고, 선종과 화엄종에서는 자성미타自性彌陀 유심정토唯心淨土라 하여 일체 만법을 원만히 갖춘 참성품인 마음이 바로 아미타불이며 극락세계 또한 청정한 마음 위에 이루어지는 장엄한 경계임을 밝히고 있다.

이와 같이 그 경우에 따라 여러 가지로 해석되고 있으나, 비유와 상징을 떠난 근본 뜻을 생각한다면 시간·공간을 초월한 영원한 진여자성眞如自性이다. 영겁永劫을 통하여 끊임없이 십법계(지옥·아귀·축생·수라·인간·천상·성문·연각·보살·불)의 의依(국토)·정正(마음과 몸)을 성기性起하는 우주 자체의 인격이 바로 아미타불임을 알 수 있을 것이다.

「아미타경」에도 그 수명이 무량하므로 무량수불이요 광명이 무량하므로 무량광불이라 하였으니, 그 무량한 수명은 영원한 시간과 자비를 상징하고, 무량한 광명은 무한한 공간과 지혜를 상징하므로, 자비와 지혜를 원만히 갖춘 영원한 진여자성이 아미타불임을 의미하였다.

또한 더욱 구체적인 이름으로는 「무량수경」에서 십이광불十二光佛이라 하여 무량수불 외에 무량광불無量光佛 · 무애광불 無碍光佛 · 무대광불無對光佛 · 염왕광불燄閣王光佛 · 청정광불淸淨光佛 · 환희광불歡喜光佛 · 지혜광불智慧光佛 · 부단광불不斷光佛 · 난사광불難思光佛 · 무칭광불無稱光佛 · 초일월광불超日月光佛등을 들고 있다.

앞에서 본 바와 같이 우주의 실상이자 우리의 본래면목本來面目이 바로 아미타불임을 짐작하고 남음이 있을 것이며, 그래서 여러 경전에 나오는 수많은 부처님의 명호 또한 진리의 대명사인 아미타불의 그 인연에 따른 상징과 비유의 이름에 지나지 않음을 알 수 있을 것이다.

6. 본원本願

본원이란 근본서원根本誓願의 준말로서 모든 부처님들이 지난 세상에서 성불하고자 뜻을 세운 여러 가지의 서원을 말한다.

이에는 총원總願과 별원別願이 있다. 총원은 모든 부처님들의 공통된 본원, 곧 사홍서원四弘誓願이며, 별원은 부처님마다 중생제도의 인연에 따라 세우신 바 아미타불의 사십팔四十八원이나 약사여래藥師如來의 십이十二원 등을 들 수 있다. 그러나 보통은 아미타불의 사십팔四十八원을 말한다.

그런데 아미타불이 바로 진여실상眞如實相이요 중생이 본래 갖춘 자성이라고 생각할 때, 아미타불이 성불 이전 법장 보살 때 세운 사십팔의 서원은 곧 사홍서원의 구체적 표현이다.

삼세 모든 부처님의 서원인 동시에 우주 자체

에 내제한 목적 원인이며 또한 성불을 지향하는 우리 중생의 서원이요 이상이기도 한 것이다.

그리고 그러한 이상의 실현에는 먼저 그 이상을 실현하고자 하는 간절한 서원이 전제가 되어야만 한다.

7. 극락정토極樂淨土

아미타불의 본원本願으로 건립된 정토의 이름이 극락정토이며 흔히 극락세계라 한다. 범어 수하마제須訶摩提(Suhamati,Sukhavati)의 뜻 번역이다.

또한 극락세계의 다른 이름으로는 안양安養·안락安樂·안온安穩·묘락妙樂·무위無爲·청정토淸淨土·서방정토西方淨土·불회佛會·열반성涅槃城·진여문眞如門·무량수불토無量壽佛土·밀엄국密嚴國·연화장세계蓮華藏世界등 삼십여 종이 있다.

그런데 극락정토란 청정하고 안락한 국토의 뜻이다. 다섯 가지 흐린 것이 없고, 생로병사生老病死를 비롯한 모든 괴로움이 없으며, 오직 즐거움만 있는 세계로, 생사윤회生死輪廻하는 삼계(욕계. 색계. 무색계)를 뛰어넘는 영원한 낙토樂土임을 경전에서는 찬탄하여 마지 않는다.

그래서 극락정토는 모든 불·보살이 수용하는 청정한 보토報土인 동시에 중생들 또한 번뇌 업장만 소멸하면 금생과 내세를 가리지 않고, 스스로 보고 느끼고 누릴 수 있는 상주불멸한 실상의 경계인 것이다.

이렇듯, 극락세계에는 시간·공간을 초월한 영생의 세계인데도 경經에는 십만억 국토를 지난 아득한 서쪽에 있다고 한 것은 번뇌에 때묻은 중생의 분상에는 실재하지 않는 꿈같은 세계이기 때문이다. 그렇기 때문에 중생의 차원에 영합迎合한 비유와 상징적인 표현이라는 것을 경전을 정독 음미할 때 충분히 짐작하고 남음이 있을 것이다.

범부의 망정妄情을 여윈 성자의 정견正見에는 사바세계 그대로 극락세계일지라도, 온갖 번뇌에 얽매이고 가지가지의 고액이 충만한 현실에 시달린 고해苦海 중생에게는 영생 안온한 극락세계란 역시 너무나 머나먼 이상향이 아닐 수 없다.

그러기에 우리 중생은 필경 돌아가야 할 본래 고향인 극락세계를 동경하고 흠모하며, 거기에 이르기 위한 간절한 서원을 굳게 세우고, 한량없는 선근공덕을 쌓아야 할 것이다.

8. 염불念佛

1) 염불의 의의

위에서 말한 바와 같이 극락세계에 태어난다는 것, 곧 왕생往生함이 정토삼부경의 주제이다. 그리고 극락세계에 왕생한다는 것은 바른 깨달음을 얻어 위없는 진리에서 물러나지 않는 불퇴전의 성자聖子가 되는 것과 같은 의미를 갖는다.

따라서, 온갖 번뇌를 소멸하고 정각正覺을 얻는 것이 쉬운 일이 아니듯이 극락세계에 왕생하는 것도 또한 경전의 말씀과 같이 '작은 선근과 작은 복덕'으로는 불가능한 것이다.

그러면 극락세계에 왕생하기 위한 큰 선근과 거룩한 복덕은 무엇인가? 그것은 바로 염불인 것이다. 우리 본래자성이 부처님이요, 아미타불이란 부처님의 명호이기 때문에 염불이란 곧, 자성불自性佛을 생각하고 자성불로 돌아가는 법이자연法爾自

然의 수행법인 것이다.

또한 염불은 부처님의 본원에 들어맞는 수행법일 뿐 아니라 삼세 모든 부처님들께서 한결같이 권장하고 기억하여 호념護念 하시는 수행법이기 때문에 다른 수행법에 비하여 불·보살의 가피가 수승함은 여러 경전이나 수많은 영험록靈驗錄을 통하여 충분히 알 수 있을 것이다.

그리고 「능엄경愣嚴經」에서도 석존께서 '나는 일찍이 수행할 때에 염불로써 무생법인에 들었느니라'(아본인지我本因地 이염불심以念佛心 입무생인入無生忍)하셨고 「관무량수경觀無量壽經」에는 '염불하는 이는 모든 사람 가운데 향기로운 연꽃이니라'(약염불자若念佛者 당지비인 시當知此人 是 인중분타이화人中分陀利華)하셨다.

그래서 염불은 진여자성을 여의지 않는 자성선自性禪이라고도 하고 또한 모든 삼매三昧의 왕王이라하여 보왕삼매寶王三昧라고도 하는 것이다.

2) 염불의 방법

염불念佛이란 부처님을 기억하며 잊지 않고 끊임없이 생각하며 또는 그 이름을 부르는 것을 의미하는데,칭명稱名염불 · 관상觀象염불 · 관상觀想염불 · 실상實相염불 등 네 가지 방법이 있다.

①칭명稱名염불은 부처님의 명호를 부르는 것으로, 가장 간단하여 행하기 쉽다.

②관상觀象염불은 부처님의 원만한 상호(모습)를 생각하는 염불이다.

③관상觀想염불은 고요히 앉아서 부처님의 지혜 공덕을 생각하는 염불이다.

④실상實相염불이란 부처님의 법신法身, 곧 일체 만법의 본바탕은 있는 것(有)도 아니고 공空한 것도 아닌 중도中道의 실상임을 생각하는 염불이다.

이러한 사종 염불 외에도 호흡과 맞추어서 염불하는 수식數息염불, 아미타불을 화두話頭로 하여 참구參究하는 간화看話염불 등이 있다. 그런데 어떠한 염불이든 자기 근기에 맞는 염불을 일심불란一心不亂하여 삼매에 들면 되는 것이니 함부로 그 우열을 시비할 필요는 없는 것이다.

3) 염불삼매念佛三昧

위에 말한 염불 공부를 망념妄念이 섞이지 않도록 염념상속念念相續하여 일심으로 수행함을 인행因行의 염불삼매라 하고 이러한 수행이 성취되어 마음이 선정禪定에 들고, 혹은 부처님이 앞에 나타나시며, 또는 법신法身의 실상에 들어맞음(契合)을 과성果成의 염불삼매라 한다.

「염불삼매경」에 이르기를 '염불삼매는 일체 모든 법을 다 포섭하였으니 이는 성문聲聞 연각緣覺의 이승二乘 경계가 아니니라'(염불삼매칙위총섭일체제법시고비성문연각이승경계念佛三昧則爲總攝一切諸法是故非聲聞緣覺二乘境界) 하셨다.

9. 염불과 선禪

선禪은 바로 부처님의 마음(불심)이요, 교敎는 부처님의 말(佛語)이니, 경전의 말과 문자에 걸리지 않고 마음을 밝힐 때 선과 교는 본래 둘이 아닌 진여자성의 체용體用인 것이다.

또한 일체 만유의 근본 자성이 아미타불이요, 극락세계 역시 같은 자성인 청정심淸淨心으로 이루어진 경계이니, 마음이 오염汚染되면 그에 상응한 삼계三界(욕계 · 색계 · 무색계) 육도六道 (지옥 · 아귀 · 축생 · 수라 · 인간 · 천상)에 윤회하는 고뇌를 벗어날 수 없으며, 본래의 청정한 마음으로 돌아오면 금생과 내세를 가리지 않고 상락아정常樂我淨한 극락세계의 청정한 행복을 수용할 수 있는 것이다.

그래서 극락세계를 염원하고 아미타불을 생각하며 그 명호를 부르는 염불 공부는 진여자성을 여의지 않는 참선 공부와 본래 우열이 없으니,

염불과 선禪은 일치한 것이다.

염불과 참선이 둘이 아닌 선정일치善淨一致의 뜻이 담긴 대표적인 법문은 「관무량수경」의 다음 구절을 들 수 있을 것이다. ' 모든 부처님은 바로 법계法界를 몸으로 하는 것이니 일체 중생의 마음 가운데 들어 계시느니라.

그러므로 그대들이 마음에 부처님을 생각할 때 이 마음이 바로 삼십이상三十二相과 팔십수형호八十隨形好를 갖춘 원만 덕상德相이니라. 그래서 이 마음으로 부처님을 이루고 이 마음이 바로 부처님이니라.'

제불여래시법계諸佛如來是法界 신 입일절중생심상중身 入一切衆生心想中 시고여등상불시是故汝等想佛時 시심즉시 삼십이상 팔십수형조是心卽是三十二相八十隨形好 시심작불 시심시불 是心作佛是心是佛

또한 저명한 선사禪師들로서 선정일치禪定一致를 주장한 이들의 법문을 몇가지 소개할까한다.

① 보조지눌 스님普照知訥(1158~1210, 고려 스님)

염불의 공덕이 성취되면 언제 어디 곳에나 아미타불의 참 몸이 앞에 나타나며 임종시에는 구품九品 연화대에 영접되어 그 상품上品에 왕생한다.

염불공극念佛功極 어일 일시시일체처於日日時時一切處 아미타불진체명현阿彌陀佛眞體冥現 기전 임명종시其前 臨命終時 영입구품연대상품주생迎入九品蓮臺上品注生

② 태고보우 스님太古普愚(1310~1382, 고려 스님)

아미타불의 청정미묘한 법신이 두루 모든 중생의 마음에 계시므로 마음과 부처님과 중생은 본래 차별이 없다.

그래서 마음이 곧 부처님이요, 부처님이 곧 마음이다. 아미타불의 명호를 끊임없이 생각하고 외울지니, 힘써 정진하여 그 공덕이 성취되면 홀연히 분별이 끊어지고 아미타불의 참 몸이 뚜렷이 나투신다.

아미타불정묘법신阿彌陀佛淨妙法身 편재일체중생심지 偏在一切衆生心地 고운심불급중생시삼무차별故云心佛及衆生是三無差別 역운심즉불 불즉심亦云心卽佛 佛卽心 아미타불명 阿彌陀佛名 심심상속心心相續 염염불매念

念不昧 구구성공 久久成功 측홀이지간則忽爾之間 심염단절 心念斷絶 아미타불진체정이현전 阿彌陀佛眞體貞爾現前 「태고암가「太古庵歌」

③ 청허휴정 스님淸虛休靜(1520~1604, 별호는 서산西山, 조선 스님)

마음은 바로 부처님의 경계를 생각하여 끊임이 없고, 입은 부처님의 명호를 분명히 불러 흐트러지지 않게 한다. 이렇듯 마음과 입이 서로 응하면 그 한 생각 한 소리에 능히 팔십 억 겁 동안 생사에 헤매는 죄업을 소멸함과 동시에 팔십억겁의 수승한 공덕을 성취한다.

심측연불경계억지불망心則緣佛境界憶持不忘 구측칭명부호분명불란口則稱名佛號分明不亂 여시심구상응일념일성如是心口相應一念一聲 측능명팔십억겁생사지죄則能滅八十億劫生死之罪 성취팔십억겁수승공덕 成就八十億劫殊勝功德 청허당집「淸虛堂集」

④ 육조혜능 스님六祖慧能(638~713, 중국 당나라 스님) 선종禪宗 제6조.

오직 아미타불 지니고
다른 생각 없으면
손 튀길 수고도 없이

서방 극락 가리라

일구미타무별념一句彌陀無別念 불노탄지도지서방不勞彈指到西方
「선정쌍수집요禪淨雙修集要」

⑤ 영명연수 스님永明延壽(904~975, 중국 북송 스님) 법안종法眼宗의 제3조.

선정과 정토가 같이 있으면
마치 뿔 난 호랑이 같이
이승에는 남의 스승이 되고
다음 생엔 부처와 조사가 되리.

선정이 없고 정토만 있어도
만萬 사람 닦아서 만 사람 가니
다만 아미타불만 뵈옵게 되면
깨닫지 못할 걱정 어찌 있을까.

선정만 있고 정토 없으면
열 사람에 아홉이 미끄러지고
중음中陰 경계가 나투게 되면

별안간 그를 따라가고 말며.

선정과 정토가 모두 없으면
무쇠 평상과 구리 기둥의 지옥
일만 겁과 일천 생에
믿고 의지할 데 하나도 없네.

유선유정토 유여대각호有禪有淨土 猶如戴角虎
현세위인사 내생작불조現世爲人師 來生作佛祖

무선유정토 만수만인법無禪有淨土 萬修萬人法
단득견미타 하수불개오但得見彌陀 何愁不開悟

유선무정토 십인구차로有禪無淨土 十人口蹉路
음경약현전 폐이수타거陰境若現前 瞥爾隨他去

무선무정토 철상병동주無禪無淨土 鐵床竝銅柱
만겁흥천생 몰개인의호萬劫興千生 沒箇人依怙

⑥ 천여유칙 스님天如惟則(1300년경, 중국 원元나라) 임제종臨濟宗 스님

염불과 참선이 같지 않다고 의심하는 이가 있는데 그것은 참선이란 다만 마음을 알고 성품을 보려 함이요, 염불은 자기 성품이 미타彌陀요 마음이 곧 정토淨土임을 모르는 데서 오는 것이니, 어찌 그 이치에 둘이 있으랴.

경에 말씀하시기를, '부처님을 생각하고 염불을 하면 현세나 다음 생에 반드시 부처님을 뵈오리다'하셨으니, 이미 현세에서 부처님을 뵈옴이 어찌, 참선을 하여 도道를 깨닫는 것과 다름이 있을 것인가.

아미타불 넉자를 화두 삼아 자나 깨나 분명히 들어 쉬지 않고 한 생각의 분별도 나지 않는 데 이르면, 차서를 밟지 않고 바로 부처님의 경지에 뛰어오르리라.

유자의염불흥참선부동有自疑念佛興參禪不同 불지참선不知參禪 지도식지

견성只圖識地見性 염불자念佛者 오자성미타悟自性彌陀 유심정토惟心淨土 기유이리豈有二理 경운經云 억불염불憶佛念佛 현전당래 필정견불現前當來 必定見佛 기왈현전견불 旣曰現前見佛 칙여참선오도則與參禪悟道 유하이재有何異哉 단장아미타불사자但將阿彌陀佛四字 주개화두 做箇話頭 이육시중二六時中 직하제절直下提撕 지어일념불생至於一念不生 부섭계제不涉階梯 경초불 經超佛地 「천여측선사보설天如則禪師普說」

제2장

염불요문

염불요문念佛要門

(부처님께 가는 길)

보조국사1158~1210

요즘 사람들은 그 마음이 흐리고 어두워서 욕망과 삶의 버릇이 짙고 두텁기만 합니다. 그래서 오래도록 어둠에 막히고 길이 애욕에 빠져 온갖 괴로움에서 벗어나지 못하고 있습니다. 만약 저들이 벗과 같은 스승이나 스승과 같은 벗의 깨달음을 따르지 않는다면 끝내 괴로움을 벗어난 참 행복을 얻기란 참으로 어렵고 어려울 것입니다.

나는 여러분들이 지난날 저지른 잘못들을 잘 일깨워주는 좋은 벗이 되고 싶습니다. 그래서 여러분이 다섯 가지 잘못된 마음의 흐름을 편히 쉬고 행복한 삶을 가로막고 있는 다섯 가지 거침새들을 밝게 안 뒤 다섯 가지 어둡고 흐린 삶을 훌쩍 뛰어넘어 아홉 층 연꽃 세상위로 둥근 보름달

처럼 밝게 떠오르게 하고 싶습니다. 여러분들은 부디 뜻을 모아 내 말에 귀를 기울여 주십시오.

다섯 갈래 잘못된 마음의 흐름을 편히 쉬게 하는 길인 **오정심**五停心이란 무엇입니까? 첫째는 탐심이 많은 중생들로 하여금 사랑하는 나의 몸이 깨끗하지 않음을 보게 함이요, 두 번째는 화 잘 내는 중생들로 하여금 자비로운 삶을 보게 함이요, 세 번째는 마음이 어지러운 중생들로 하여금 들이쉬고 내쉬는 숨길을 보게 함이요, 네 번째는 어리석은 중생으로 하여금 끝없는 인연의 바다를 보게 함이요, 다섯 번째는 살아가는데 거침새가 많은 중생들로 하여금 부처님의 이름과 모습이 끊임없이 피어나고 있음을 밝게 보게 함이 그것들입니다.

그러나 이 다섯 가지 잘못된 마음의 흐름이 멈춘다 해도 세상의 인연을 여의지 못하는 이는 다시 다섯 가지 걸림새에 걸리고 맙니다. **다섯 가**

지 걸림새란 무엇입니까? 첫째는 애욕이 끊임없이 흐르는 번뇌의 걸림새요, 두 번째는 진리라는 것에 덥석 집착하는 앎의 걸림새요, 세 번째는 몸뚱이를 아끼고 사랑해서 갖가지 업을 지어 만든 과보의 걸림새요, 네 번째는 아무 생각 없이 고요함만을 지키는 이치의 걸림새요, 다섯 번째는 이런 저런 사물들을 헤아려 따지는 사물의 걸림새가 그것입니다.

그리고 이 다섯 가지 걸림새들을 밝게 깨닫지 못하면 다섯 가지 어둡고 흐린 삶에 걸려들어 헤어나지 못하게 됩니다.

다섯 가지 어둡고 흐린 삶의 **오탁五濁**이란 무엇입니까?

첫 번째는 한 생각이 일어나자마자 공空과 색色의 참 모습을 알지 못하게 되는, 시간의 어두움인 겁탁劫濁입니다. 두 번째는 온갖 알음알이가 들고 일어나 많고 고요한 성품을 어지럽히는, 생각의 어두움인 견탁見濁입니다. 세 번째는 어지럽게 그릇된 생각을 일으켜, 앎을 내서 바깥 세계를 지어내는, 번뇌의 어두움인 번뇌탁煩惱濁입니다. 네 번째는 일어나고 사라짐이 쉬지 않고 생각 생각에 흐르는, 중생의 어두움인 중생탁衆生濁입니다. 다섯 번째는 저마다 의식의 시킴을 받으면서도 그 근원을 돌아보지 않는, 목숨의 어두움인 명탁明濁입니다.

이 다섯 가지 잘못된 마음의 흐름을 쉬지 않으면 어떻게 다섯 가지 걸림새를 밝게 알겠습니까. 또 다섯 가지 걸림새를 밝게 알지 못한다면 다섯 가지 어둡고 흐린 삶을 어찌 맑힐 수 있겠습니까. 다섯 가지 잘못된 마음의 흐름을 쉬지 않는 이는 걸림새도 많고 어둡고 흐림 또한 클 것입니다.

그러므로 이런 이들은 반드시 열 가지 염불삼

매의 힘으로 점차로 정정한 계율의 문에 들어가야 티 없이 깨끗한 삶을 생각 생각마다 이루게 됩니다. 이렇게 된 뒤에야 잘못된 마음의 흐름을 편히 쉬어서 저 다섯 가지 걸림새와 다섯 가지 어둡고 흐린 삶을 훌쩍 뛰어넘어 곧 바로 극락세계에 이를 수 있습니다. 그리고는 세 가지 새어나감이 없는 배움인 삼무루학三無漏學을 맑게 닦아서 저 아미타부처님의 위없는 큰 깨달음을 함께 증득할 수 있는 것입니다.

이 같은 아미타불의 큰 깨달음을 증득 하려면 마땅히 열 가지 염불을 수행修行해야 합니다. **열 가지 염불이란** 어떤 것입니까? 몸가짐의 염불인 계신염불戒身念佛, 말 가짐의 염불인 계구염불戒口念佛, 마음가짐의 염불인 계의염불戒意念佛, 움직이면서 하는 동억염불動憶念佛, 움직이지 않고 하는 정억염불靜憶念佛, 말하면서 하는 어지염불語持念佛, 말하지 않고 하는 묵지염불默持念佛, 부처님 모습을 그리면서 하는 관상염불觀想念佛, 무심하게 하는 무심염불無心念佛, 부처님이 부처님을 염하는 진여염불眞如念佛이 그것들입니다.

이 열 가지 염불은 모두 한결같은 참 깨달음의 자리에서 피어나 부처님과 하나를 이루게 하는, 더할 수 없이 지극한 수행법입니다.

그러므로 염불에서 말하는 염念이란 바로 지킴(守)을 뜻합니다. 참 성품을 늘 드러나게 하고 끝없이 기르려면 그것을 지키어 잃어 버리지 않아야 합니다.

그리고 염불에서 말하는 불佛이란 깨달음이라는 뜻입니다. 깨달음이란 참 마음을 밝게 비춰서, 늘 개어 있어 어둡지 않음을 말합니다. 그러므로 한결같은 무념無念으로 밝고 뚜렷하게 깨닫고 이렇듯 밝고 뚜렷하게 깨달으면 온갖 생각이 끊어지니 이것을 일러 참 염불이라 합니다.

열 가지 참 염불이란 어떤 것들입니까?

첫 번째는 몸가짐의 염불인 계신염불戒身念佛입니다. 죽이고, 훔치고, 음행하는 짓들을 말끔히 없애어 몸을 청정하게 해서 계율의 거울이 밝고 뚜렷해지게 합니다. 그런 뒤로 몸을 단정히 하고 바르게 앉아서 합장하고 서쪽을 향해 마음 다해 공경히 나무아미타불을 염念하되, 그 수가 끝이 없도록 합니다. 그리하여 생각 생각에 끊어짐이 없어 마침내 앉아 있음마저 없어져서, 앉아 있지 않을 때도 염하는 일이 한결같이 밝고 분명합니다. 이를 계신염불이라 합니다.

두 번째는 말가짐의 염불인 계구염불戒口念佛입니다. 실없는 말, 속이는 말, 두말, 험한 말짓들을 말끔히 없애고 입을 지켜 마음을 거둡니다. 몸을 맑히고 입을 깨끗이 한 뒤에 마음 다해 공경히 나무아미타불을 염念하되 그 수가 끝이 없도록 합니다. 그리하여 생각 생각에 끊어짐이 없어 마침내 입마저 없어져 입으로 부르지 않을 때에도 스스로 염念하는 일이 밝고 분명합니다. 이를 계구 염불이라 합니다.

세 번째는 마음가짐의 염불인 계의염불戒意念佛입니다. 욕심부리고, 화내고, 어리석은 마음을 말끔히 없애고 뜻을 거두고 맑힙니다. 마음 거울에 번뇌의 때가 사라진 뒤에 마음 다해 깊게 나무아미타불을 염念하되, 그 수가 끝이 없도록 합니다. 그리하여 생각생각에 끊어짐이 없어 마침내 마음마저 없어져 마음을 내지 않을 때에도 스스로 염念하는 일이 밝고 분명합니다. 이를 계의염불이라 합니다.

네 번째는 움직이면서 하는 동억염불動憶念佛입니다. 열 가지 모질고 나쁜 짓거리를 말끔히 없애고 열 가지 계를 올바로 지닙니다. 움직이고 오고 감에 한 틈에도 염불하고 찰라에도 염불하여 마음 다해 늘 아미타불을 염念하되, 그 수가 끝이 없도록 합니다. 그리하여 생각 생각에 끊어짐이 없어 마침내 움직임이 다 해서, 움직임이 없을 때에도 스스로 염念하는 일이 밝고 분명합니다. 이를 동억염불이라 합니다.

다섯 번째는 움직임이 없이 하는 정억염불靜憶念佛입니다. 저 열 가지 계율이 이미 깨끗해져서, 고요할 때나 일 없을 때나 깊은 밤 홀로 있을 때나 한결같아 마음 다해 나무아미타불을 염念하되, 그 수가 끝이 없도록 합니다. 그리하여 생각 생각에 끊어짐이 없어 마침내 고요함이 다 해서 움직일 때도 스스로 염念하는 일이 밝고 분명합니다. 이를 정억염불이라 합니다.

여섯 번째는 말하면서 하는 어지염불語持念佛입니다. 사람을 맞이해 말을 나누고, 아이를 부르며, 함께 일하고, 일을 시킴에 밖으로는 그런 일들을 따르되, 안으로는 염불하는 마음이 흔들림이 없습니다. 한 마음으로 아미타불을 고요히 염念하되, 그 수가 끝이 없도록 합니다. 그리하여 생각 생각에 끊어짐이 없어 마침내 말이 없어져서 말을 하지 않을 때도 스스로 염念하는 일이 밝고 분명합니다. 이를 어지염불이라 합니다.

일곱 번째는 말없이 하는 묵지염불默持念佛입니다. 입으로 부르면서 하는 염念이 다하고 다해 생각의 때가 없는 염念이 됩니다. 자나깨나 어둡지 않으며 움직일 때나 고요할 때나 늘 잊어버리지 않고 마음 다해 나무아미타불을 말없이 염念하되, 그 수가 끝이 없도록 합니다. 그리하여 생각 생각에 끊어짐이 없어 끝내 말없음마저 없어져 염念하지 않을 때에도 스스로 염念하는 일이 밝고 분명합니다. 이를 묵지염불이라 합니다.

여덟 번째는 부처님의 거룩한 모습을 그리면서 하는 관상염불觀想念佛입니다. 저 부처님의 몸이 법계에 가득하며 묘한 광명 눈부신 금빛이 모든 중생들 앞에 두루 나타남을 관합니다. 또 부처님의 맑고 밝은 자비의 광명이 나의 몸과 마음을 비추고 깨닫습니다. 눈을 감아도 눈을 떠도 보이는 것 들리는 것들이 모두 부처님의 빛임을 밝게 깨달아서, 뜻을 다하고 정성을 다해 한결같은 마음으로 나무아미타불을 끝까지 염念하되 그 수가 끝이 없도록 합니다. 그리하여 생각 생각에 끊어짐이 없어 하루 내내 다니고 머물고 앉고 누움에 늘 삼가고 늘 깨어서 찰나도 어둡지가 않습니다. 이를 관상염불이라 합니다.

아홉 번째는 무심히 하는 무심염불無心念佛입니다. 염불하는 마음이 오래되어 공을 이루면 차차로 무심삼매無心三昧를 얻게 됩니다. 생각의 때가 없는 진실한 염念이 애쓰지 않아도 저절로 들리고 알음알이의 티끌이 없는 참 지혜가 애쓰지 않아도 저절로 뚜렷해집니다. 발음이 없이 받아들이고 함이 없이 다 이룹니다. 이를 무심염불이라 합니다.

열 번째는 부처님이 부처님을 염念하는 진여염불眞如念佛입니다. 염불하는 마음이 이미 끝머리에 이르러 깨달음이 없이 깨닫습니다. 스스로 심心, 의意, 식識이 본디 텅 빈 것임을 알아서, 한가지 밝은 성품이 움직이지 않습니다. 모자람 없는 깨달음의 큰 지혜가 밝고 뚜렷하게 드러납니다. 이를 진여염불이라 합니다.

염불하는 이치가 이와 같으니, 만약 먼저 열 가지 악惡과 저 여덟 가지 행복한 삶의 길인 팔정도八正道에 맞서는 여덟 가지 그릇됨을 끊어 버리지 않는다면 어떻게 저 열 가지 계율의 맑고 깨끗함을 따를 수 있겠습니까. 또 몸이 맑고 깨끗하고 계율의 거울이 환히 밝지 않으면 어떻게 저 열 가지 염불법과 한 몸이 되겠습니까. 그러니 몸을 맑고 깨끗하게 한 뒤에야 진리의 온갖 보배들을 쌓고 모을 수 있으며, 계율의 거울을 환히 밝게 한 뒤에야 부처님께서 자비의 빛을 드리워 주실 것입니다.

부처님께서는 이렇게 말씀 하셨습니다. "가장

뛰어난 맛을 지닌 제호(酉十是酉十胡)를 얻더라도 보배 그릇이 아니면 그것을 담아두기 어렵다"그러니 염불하는 수행자가 몸이 청정하고 계율의 거울이 밝고 뚜렷하면 어떻게 진리의 기막힌 맛을 부처님만이 담아 지닐 수 있다고 하겠습니까.

요즈음 욕심 투성이인 옳지 않은 무리들이 열 가지 악惡과 여덟 가지 그릇됨을 끊지 않고, 또 다섯 가지 계율과 열 가지 착함을 닦지 않고도 그릇된 앎과 혼자만의 생각으로 헛되이 염불 수행법을 찾아 그릇된 바람들을 드러내 놓고 극락세계에 태어나고자 합니다.

이것은 모난 나무로 둥근 구멍을 막으려는 것과 같습니다. 이런 사람들은 스스로는 염불수행을 한다고 생각할지 몰라도 부처님의 뜻이야 어찌 그런 삿된 생각과 함께 하시겠습니까. 쉼없이 파계破戒하는 몸으로 순간 순간 부처님을 비방하면서도 오히려 실없이 참되고 깨끗한 세계를 구하는 죄는 참으로 풀어 줄 수 없고 무겁기 그지없는 죄인 것입니다. 죽어 지옥에 떨어져 스스로 몸과 마음을 해치는 것이 누구의 허물이겠습니까? 여러분은 계율로 벗을 삼고 이제까지 밝힌 이치를 거울삼아 비춰보고 먼저 열 가지 착함을 굳게 지녀서 앞서 저지른 잘못들을 참회하고 깨달음의 열매 얻기를 굳게 다짐해야 합니다.

그리고 그런 다짐과 더불어 힘쓰고 애쓰며, 나고 죽음을 벗어나야겠다는 뜻을 야무지게 다져야 합니다. 해마다 선악의 업이 드러난다는 정월, 오월, 구월에 하는 수행을 닦듯이 염불수행을 놓지 않아야 합니다. 또 날씨가 엇바뀌는 여덟 절기마다 염불수행을 새롭고 새롭게 힘써 닦아야 합니다. 그리고 달마다 여섯 재일齋日의 가르침을 본받아 저 열 가지 염불로 참 살림살이를 삼아야 합니다.

오래 공들이고, 있는 힘을 다 모아 저 진여염불眞如念佛과 하나를 이루면 날마다 시간마다 가고 오고 앉고 누움에 아미타불의 참 모습이 그윽히 앞에 나타나셔서 그대 머리 위에 향기로운 손을 얹으시고 길이길이 피어나는 큰 기쁨을 주실 것입니다.

또 목숨을 마칠 때에 이르러서는 아미타부처님께서 몸소 극락 세계의 아홉 층 연꽃 세계로 맞아들이사 반드시 가장 뛰어난 저 아홉 번째 연꽃 세계에서 여러분을 맞으시고 길이길이 그 곳에 머물게 하실 것이니, 아, 부디 애쓰고 또 애쓰십시오.

제3장

정토선 정의

관정대선사 개시

정토선 정의

“자성염불 즉 명심견성, 신성각은
수행의 진귀한 보배“

정토종淨土宗에 대하여 이야기를 하면 누구나 다 알고 있는 것이라고 믿는다. 정토종이란 다름이 아니라 한 가지 염불(아미타불을 염함므로써 서방극락세계에 왕생을 기약하는 것)하는 법문의 일종이다.

선종禪宗에 대하여 말하면 역시 다 알고 있으리라고 믿는다. 선종이란 다름 아니라 참선參禪 : (교敎밖으로 따로 전하여 문자로 기재하지도 않고 직접 인심人心을 가르쳐 성품을 보아 부처를 이루게 하는 것 견성성불 見性成佛이다.)함으로써 오도悟道하기를 기약하는 법문이다.

부처님의 가르침을 이어가는 문중에 있어서 이 두 대종파는 지금까지 잘 가르쳐 유전하여 왔으며 또한 이를 신앙하는 사람들이 지금까지 매우 많았다. 이 현실은 누구나 다 알고 있는 사실이다.

說起淨土宗 相信大家都知道 那是一種念佛(念阿彌陀佛以期往生西方極樂世界)的法門. 說起禪宗 相信大家也都知道 那是一種參禪(教外別傳 不立文字 直指人心 見性成佛)以期悟道的法門. 這兩大佛門宗派 留傳至今 信仰的人可說是非常之多 這己是一個衆所周知的事實了.

여기서 여러 사람들에게 알리고자 하는 요점은 ≪정토선≫이란 정토종과 선종의 수행의 정수精髓를 결합하여 하나로 하는데 있다. 그와 동시에 정토선의 닦아가는 방법을 간소화하여 궁극의 경지로 끌어올려 도달하게(다만 「나무아미타불」이라는 한 마디 성호만 사용케 한다)하고, 과거의 선종과 정토종에 있어서의 복잡한 수행체계들을 다 줄이고 말법 시대 중생의 근기에 맞추어 한층 더 가깝게 적응시킴으로써 얻어지는 효과가 상상할 수 없는 정도로 커지게 하였다.

在這裡所要向大家開示的「淨土禪」即將淨土宗與禪宗的 精髓所在 合而爲一. 同時 在修行方面 將「淨土禪」的修持方法 簡化提升到極點(只用一句「南無阿彌陀佛」的聖號)一反過去禪宗與淨土宗的繁瑣 而又更能適應末法時代衆生的根機 其效果是超卓不可思議的.

불 보살의 직접전수佛菩薩 親口傳受

여러 사람들에게 알리고자 하는 ≪정토선≫법문의 요점이 되는 것은 결코 나 자신만이 받아가진 경험으로부터 추려내려온 것이 아니라 불보살님이 직접 마음과 말씀으로 전수한 것이라는데 있다. ≪서방극락세계유기遊記≫는 당시 내가 직접 관세음보살님께 법法을 배운 결과와 관련한 내용이지만 그 중에서 한 단락을 발췌하여 보이는 것이 독자들에게 훨씬 쉽게 이해되리라고 생각한다.

重要的是 這裡所要向大家所開示的「淨土禪」法門 並非我個人憑一己的修持經驗杜撰出來的 而是得自佛菩薩的心傳口授. 在這裡不 妨摘祿一段『西方極樂世界遊記』有關當時向觀世音菩薩求法的經過 以饗讀者

내가 극락세계에 가서 관세음보살을 친견하게 되었을 때 기회를 놓치지 않고 관세음보살님께 가르쳐 주실 것을 청하고 개시해 주실 것을 간절히 말씀드렸다. 그래서 나는 다음과 같이 여쭸다. ≪그렇다면 어떻게 염불하여야 가장 좋고 가장

빨리 수지 할 수 있겠습니까? ≫

관세음보살님은 ≪선禪과 정淨을 동시에 수행하며 전심으로 염불하면서 참선하는 것이 바로 정토선 이니라≫라고 말씀하셨다.

관세음보살님 말씀이 끝나기 바쁘게 나는 ≪정토선을 어떻게 수행하나이까?≫하고 가르쳐 주실 것을 청하였다.

我趁機向觀世音菩薩討教 祈求祂開示 我問：「那麽 要怎樣念佛才是最好才能修持得最快呢?」祂設：「要禪淨雙修一心念佛念佛參禪 叫做淨土禪.」我馬上請祂開示 設：「請指示淨土禪該怎麽修?」

관세음보살님은 머리를 끄덕이고 나서 ≪사람들이 두 반으로 나누어 염불하되 (서방정토에서 수지하는 방법) 갑반이 아미타불을 두 번 외울 때 을반이 묵념하며 듣고 이어서 을반이 아미타불을 두 번 외울 때 갑반이 묵념하며 듣느니라. 이렇게 수지하면 힘이 안 들고 끊임없이 염불할 수 있으며 귀가 영민해져서 귀 안이 스스로 염불하게 되느니라. 이것이 바로 마음 속으로 염불하는 것이니라. 마음 속의 염불과 입의 염불이 일치해지면 자연히 불성이 나타나게 되느니라. 마음이 깨끗하면 마음이 안정되고 마음이 안정되면 지혜가 생기느니라≫라고 가르쳐 주셨다.

(앞에 든 것은 ≪서방극락세계유기 ≫ 참조)

祂點頭 這樣開示設：「人可分爲兩班念佛(按：這是西方淨土衆生修持的方法)甲班念兩句阿彌陀佛 乙班默念着聽. 接着 乙班念兩句阿彌陀佛 甲班默念着聽. 這樣修持旣不辛苦 又念不停 耳根最靈 耳朶裡自念 卽是心念 心口如一佛性自然顯露出來 靜則生定 定則生慧」(以上摘錄自『西方極樂世界遊記』請參考)

어떤 사람들은 ≪이 사실이 진실인가?≫, ≪이 법을 믿어야 하는가? 아니면 믿지 말아야 하는가?≫하는 의심을 품을 지도 모른다. 나는 여기서 여러 사람들에게 거듭 말하지만 불교란 인과因果를 중요시하고 믿어야 한다. 부처님을 따라 배우는 모든 사람들이 다 알고 있는바와 같이 큰 거짓말을 한 자는 틀림없이 끝없는 지옥에 떨어져 헤어 나오기 어렵다. 그러므로 이 사실은 ≪

의심할 바 없이 확실한 것≫이며 이 법은 절대적으로 ≪믿음직한 것이고 실행할 수 있는 것≫이며 삼계신지三界神祗와 천룡팔부天龍八部가 입증할 수 있는 것이다. 따라서 이것은 절대 거짓말이 아니며 또한 거짓말을 할 필요가 없는 것이다.

或許有些人心中不免會有這樣的一個擬問：「此事當眞?」「此法可信否?」我在這裡向大家再三重申一次 佛敎是重因果的 凡學佛的人都知道 大妄語者必隨無間地獄 難有出期. 故此事是「千眞萬確」的 此法是絶對「可信可行」的 有三界神低 天龍八部可以作證 絶無妄語 亦無妄語的必要.

내가 서방정토에서 아미타불님을 만나 뵈었을 때 아미타불님은 귀중한 말씀으로 ≪정토선≫법문을 전수한 다음 ≪이 법은 과거에 전해 내려온 가지각색의 8만 4천 법문의 총 결정체이며, 심령을 다스리는 총 화합약이라고 할 수 있느니라. 말법 시대에도 도를 닦고 부처가 되는데 있어서 오로지 이 법문만이 깊이 들어갈 수 있으며 또한 편리하고 간단한 것이니라. 그러지 아니하면 제 아무리 재간이 많아도 삼계三界를 벗어나지 못하느니라≫라고 말씀하셨다. (이 법은 우담발라화를 만나기와

같이 어려운 것이니 독자들이 알아서 귀중히 여기기 바란다)

그 당시 아미타불님은 또 ≪장래에 법이 소멸된 후에도 나는 100년을 더 머물러 있을 것이며 세상에서 중생을 제도 할 것이니라.≫라고 말씀하셨다.

我在西方淨土謁見阿彌陀佛時 祂開金口傳授「淨土禪」法門後 並對我這樣設：「此法可設是過去佛教所傳出的五花八門 八萬四千法門的總結晶 堪稱治心靈的總和合藥. 末法時代 亦成道作佛 唯有這一門才能探入 且方便簡單. 否則 任憑你有滔本領 也不能超出三界.」(此法難遇如優曇鉢羅華 希望讀者善自珍惜) 當時 阿彌陀佛還透露說：「將來法滅以後 我還會多站一百年在世間渡衆生.」

자성염불自性念佛 명심견성明心見性

정토종은 신信, 원願, 행行으로부터 시작한다는 것은 누구나 다 알고 있으며 믿음과 원력에 대하여는 모두가 다 분명하고 확실하게 알고 있기 때문에 여기서 자세하게 설명하지 않고 실행하여 나가는데 대하여 설명하려 한다.

행이란 바로 수행이며 바꾸어 말하면 닦아 나가며 가지고 쓰는 방법이다.

방법은 아주 간단한 것이다. 그것은 다만 ≪나무아미타불≫이라는 한마디 여섯 글자의 성호만 외우면 되는 것이다.

앞에서 말한바와 같이 ≪정토선≫의 수지 방법은 두 개 반으로 나누어 염불하거나 또는 두 사람이 염불하는 것이다. 갑반이 두 번 외울 때 을반이 주의해 듣고 을반이 두 번 외울 때 갑반이 주의해 듣는다. 그러나 만일 한 사람이 염불한다면 변통적 방법을 취할 수 있는데 자기가 먼저 불호를 두 번 외울 때 주의해 들은 다음 소리를 멈추고 마음속으로 두 번 묵념한다. 이렇게 끊임없이 반복한다.

衆所周知 淨土宗是從信願行做起 有關「信」與「願」方面 相信大家都知道得很請楚了 故在這裡不擬贅述 我所要設的是個「行」字. 行 就是修行 亦即修持的方法 方法很簡單 就是單念一句「南無阿彌陀佛」的聖號. 如前所述「淨土禪」的修持方法 是分開兩班人念 或兩個人念 甲班念兩句 乙班注意聽 乙班念兩句 甲班注意聽. 但是 如果一個人念的話 也有變通的方法 那就是自己先念兩句佛號 注意聽 然後停聲 在心中默念兩句 如此不斷的重復下去.

육근 가운데 귀가 제일 영민하다. 첫째로 천천히 염불하며 소리를 명랑하게 내야 한다. 염불이 익숙해지면 귀가 스스로 염불하게 되거나 자기의 몸 안에서 저절로 염불하게 된다. 그 때에 가서는 둘째로 신체의 어느 한 부분이 저절로 염불하는가 귀담아 들으며 소리를 내지 말아야 한다. 그 다음부터는 행行, 주注, 좌坐, 와臥를 막론하고 귀를 기울여 그 한마디 성호를 명심해 들어야 한다. 이것을 ≪자성염불自性念佛≫이라고 한다.

이것은 참으로 오묘한 일이다. 그 체내가 자동적으로 끊임없이 불호를 외우게 되며 오래되면 점점 숙달되고 자연히 만념을 일념에 귀착시키게 되며, 심령 속의 잡념·망상을 흡수하고 점령하고 개조하고 세척하고 치료하고 정화하고 통일하게 된다. 그러면 순식간에 법신法身이 나타나며 부모로부터 태어나기 전의 본래 면목을 회복하게 된다.

耳根是最靈的 念時要樓 聲音要請亮 當你念到純熟的時候 連耳朶都會念佛 或自己的身體內會自動念佛 這時 你就要注意傾聽 究竟在你身體內的哪一個部份會念佛 你就不要再出聲了. 此後 不論是行住坐臥間 注意傾聽那一句佛號這就叫做 「自性念佛」了. 這眞是很奧妙的事. 這個身內的佛號 會自動的念個不停久之 漸漸純熟 就會自然而然的攝萬念歸一念 把心靈中的雜念 妄想 子以吸收 佔領 改造洗條 治療 淨化 統一. 刹那問 你的靈魂(法身)就會顯現出來 恢復父母末生前的本來面目.

이 한마디의 불호가 마음 속의 만병을 치료하고 장기간에 걸쳐 쌓아온 모든 잡념, 업장業障, 시비, 허망을 한 순간에 쓸어버려 진상인 법신(본래의 면목)으로 변화시키게 된다. ≪부처님을 생각하고 부처님을 기억(念佛憶佛)하면 틀림없이 부처가 되느니라≫고 한 정토종의 말은 바로 이 원리를 말해주는 것이다.

이렇게 닦아 지님에 부처가 되지 못하였다 하더라도 막대한 이익을 얻는다. 왜냐하면 만념萬念을 일념一念에 귀착시키면 임종시에 마음의 혼란이 없이 아미타불님의 영접을 받아 서방연지로 업을 지니고 왕생(帶業往生)할 수 있기 때문이다. 서방 극락국에서는 괴로움이 없이 즐겁게 수지할 수 있을 뿐만 아니라 영원히 타락하지 않고 절대로 물러나거나 돌아서지 않도록 담보 해준다. 그리고 온전한 수행 과정을 통하여 무생법인無生法忍을 오증悟證하고 지혜의 꽃이 필 때 부처님을 뵙고 시종일관 ≪극락≫의 정토에서 지낸다. ≪정토淨土≫의 수행에 대하여는 이런 이익이 있다. ≪선禪≫수행에 대하여 밝히려 한다.

這一句佛號 就能治療了 你的心靈萬病 消除了你歷劫所累積下來的一切雜念業障 是非 虛妄 變成了眞常的法身(本來面目). 淨土宗說：「念佛憶佛 必定成佛」就是這個原理. 縱令末能成佛 也能得到莫大的利益 因爲將萬念總攝歸一念 臨命終時 能一心不亂 蒙阿彌陀佛所接引 帶業往生西方蓮池 而在西方

極樂國中修持是有藥無苦的 而且保證永不墮落 絶無退轉. 整個修行過程 自始至終 都是在「極樂」的狀態中度過 直至悟證無生法忍 花開見佛爲止. 說完「淨」再說下一字「禪」.

글자의 뜻 그대로 ≪정토선≫은 선과 정을 동시에 수행하는 두 가지의 수행법을 결합시킨 한 가지 수행체계이다. 그렇다면 어떻게 선정합일禪淨合一의 경계境界에 도달할 것인가?

顧名思義「淨土禪」卽禪淨雙修 是二者合而爲一體的産物那麽 又如何達到禪淨合一的境界呢?

이 도리 역시 아주 간단하다. 그것은 다름 아니라 앞의 정토 수행방법에서 설명한 바와 마찬가지로 체내에서 자연히 자동적으로 불호를 외울 때까지 수행하는 것이다. 이 ≪염불念佛≫이 바로 자성自性이 염불하는 것이며 다시 말하면 명심견성明心見性(마음을 밝혀 성품을 보는 경지)인 것이다.

道理亦很簡單 這是把這一句佛號 如前所述 修到會在身內自然而然地 自動會念起佛號來 而這個「念」就是你的自性在念 也就是你的明心見性了.

한층 더 깊은 경계는 아침과 저녁에 정좌靜坐할 때 ≪일념≫을 ≪무념≫(禪은 무념을 宗으로 삼는다)으로 되도록 수련하고 전신이 공적空寂하고 아무 생각도 생기지 않는 경계에 이르도록 수련하는 것이다. 그리하여 아무 생각도 생기지 않을 때 법신이 갑자기 나타나 부모로부터 태어나기 전의 본래 면목을 회복한다. 이 경계에 도달하면 자연히 아미타불마저 외울 필요가 없게된다.

而更探一層的境界是　在早晚課靜坐時　　你可以將這個「一念」漸漸練成「無念」(按：禪卽以無念爲宗) 全身空寂一念不生. 而一念不生時　法身頓現　恢復了父母末生前的本來面目. 到了這個境界　自然就連一句阿彌陀佛也不用念了.

수행하는 사람은 자신의 공부 정도가 깊은가 얕은가를 보아야 한다. 수련한 시간이 길 수도 있고 짧을 수도 있다. 장기간 꾸준히 견지하기만 하면 자연히 자기의 신체로부터 해탈하게 되고 몸이 무애無礙상태에 처해 있게 되며 그 때에는 법신이 온 법계에 이르는 허공虛空으로 충만된 감을 느낀다. 그리하여 보신報身이 서방연지西方蓮池의 상품상생上品上生에로 왕생하고 즉시 개화견불開花見佛한다.

한 마디로 말해서 ≪정토선≫법문의 중요한 의의가 바로 자성염불自性念佛 즉 명심견성明心見性하는 데 있다.

行者要看你功夫的探淺修成的時間 就有長有短 只要持之以恒 自然會解脫自己的身體 身在無礙屆時你的法身 念充滿了整個虛空 周遍法界 而你的報身將往生到西方連地的上品上生 立卽花開見佛. 一言以蔽之「淨土禪」法門的要義在於「自性念佛卽明心見性」.

독자의 의문에 대한 해답

≪서방극락세계유기≫가 세상에 유통된 후 불교계에서는 긍정하는 편과 부정하는 편이 각각 절반을 차지하는 반응을 보여주고 있다. 이것은 아주 정상적인 현상이다. 의문은 나쁜 것이 아니다. 의문이 있어야 해답이 있는 법이다. 모든 학문과 진리는 다 이렇게 생성된 것이다. 그리하여 진리란 쟁론할수록 더 명백해 지는 것이다.

自『西方極樂世界遊記』一書流通世間後　佛教界的反應褒貶參半　這是一種很正常的現象. 疑問不是不好的　有疑問　才有解答. 任何學問眞理　都是這樣産生出來的　而眞理是愈辯愈明的.

독자들의 의문을 종합하면 다음과 같은 두 개의 큰 문제에 불과하다. 그 하나는 ≪이것이 참말이냐, 거짓말이냐?≫하는 의문이고 다른 하나는 ≪이 법(정토선)을 행 할 수 있느냐? 없느냐?≫하는 의문이다. 첫째 부류의 의문과 관련한 회답은 다음과 같다. 종교는 과학이 아니기 때문에 실재 하는 사물을 내놓고 이것이 ≪진짜≫인가 아니면 ≪가짜≫인가 하는 것을 실증하고 검증할 수는 없다. (모든 종교사적이 다 그러하다) 종교의 중요점은 믿음(信)에 있다. 그러므로 ≪신信을 도의 원천으로, 공덕功德의 어머니로 삼는다.≫나 자신이 인증하는 경계가 진짜냐, 가짜냐 하는 문제에 있어서는 득도得道한 사람은 자연히 마음속에 명백하다. (도를 소유한 사람은 선정禪定과정에 서방정토의 각종 경계를 볼 수 있다.) 나 자신이 이렇게 큰 농담, 즉 거짓말을 하여 끝없는 지옥에 들어갈 리가 만무하다는 도리는 너무도 명백하다.

나는 아미타불님과 관세음보살님의 지시를 받들고 대담하게 극락세계의 여러 경계에서 보고 들은 것을 공개하기 때문에 첫째 부류의 문제에 대한 회답을 ≪당신이 믿고 싶으면 믿고 믿기 싫으면 믿지 마시오! ≫라는 한마디로 귀결한다.

歸納讀者的種種疑問　不外乎兩大類：一類是「此事當眞否?」另一類是「此法(淨土禪)可行否?」有關第一類疑問的回答　由於宗教不是科學　可將實實在在的東西擺在眼前拿出來證明　以驗此事是「眞」是「假」(任何宗教事跡都是如此). 宗教所注重的是一個「信」字 所謂：「信爲道源功德母」而本人所

印證到的境界 是眞是假 得道者自然了然於心(有道之士在禪定中也可以看到西方淨土的各種境界)我沒有理山會替自己開一個這樣大的玩笑-大妄語 下無間地獄 其中道理 是很淺顯的. 我是奉何彌陀佛與觀世音菩薩之旨 才敢公開極樂世界中各個境界的所見所聞 所以歸結第一類問題的回答是：「信不信由你了!」

둘째 부류의 의문은 법을 탐구하는 정신에 입각한 것으로서 아주 많은 건설적인 요인을 내포하고 있다. 신信만 있고, 행行이 없다면 출발하지 않은 것과 마찬가지이기 때문에 영원히 목적지(피안)에 도달할 수 없다. ≪정토선≫법문은 불보살님의 직접 전수로부터 온 것이며 서방정토의 수지 방법은 만나기 어려운 한편 실현하기는 쉬운 것이다. 여기서 다년간 독자들이 제기한 ≪정토선≫과 관련한 여러 가지 문제에 대하여 하나하나 대답하려 한다.

질문 : 정토선을 수행함에 있어서 어떠한 과정을 거쳐야 하며, 어떠한 방법이 효과적인 것인가?

대답 : 다음에 간단히 밝힌 도표를 참조하기

바란다.

정토선을 절차 있게 점차적으로 수행하여야 한다. 그래야 아득한 옛적부터(無治以來) 심령 속에 물든 업병을 점차 제거하고 심령의 무념경계(본래의 면목)를 회복시킬 수 있다.

修持時間	修行條件	靈感利益	備 考
第1個月	每天用功二小時 每次二十分至三十分	自然經眼	利根三天自己身 內會念漫一月至 三月
3個月 後	梅天用功三小時 每次三十分鐘	安樂愉快	身內有念佛聲 在耳 朶或心胸內 或臍下 內中有人念佛
半年 後	梅天用功三小時 每次三十分 至 四十分	一心不亂 意解心開 很自在	廳佛號很分明 靜坐 注意廳心內一 句佛 號 萬念歸一
8個月 後	每次一小時 每次一點	心自在清凉 什念佛起	一句佛號漸漸忘去
一年後至5年 域七年	梅天三次至四次 每次最小一點多二點	心中功寂 觀自在法身	連日句佛號也無 心 靜如太空 整虛空遍 法界 蓮池花開見佛

다시 말하면 마음의 진상眞常을 얻을 수 있다. 불교는 선禪, 정淨, 밀密 등을 막론하고 어느 종파나 다 여소茹素, 송경誦經, 예배禮拜, 염불念佛, 지주持呪, 관상觀想, 결인結印, 수식數息, 분정焚頂, 소지燒指, 자혈

사경刺血寫經 등 어떠한 수행 면에 있어서도 모두 다 수행인들의 심중잡념을 제거하고 중생의 모든 뒤바뀐 망상, 업장을 깨끗이 제거해 주는 수단에 불과하다. 바꾸어 말하면 만 가지 법이 다 사람들에게 어떻게 ≪치심治心≫하는가를 가르쳐 주는 방편이다. 심령이 청정을 얻은 뒤에는 법공法空을 제거하여야 한다. 이 아공과 법공을 터득한 구공의 경지가 되면 진심이 자연히 열려서 깨달음을 얻게 된다(開悟).

第二類疑問 是基於求法的精神 很富於建設性 有「信」而沒 有「行」也就是等於沒有起步 那是永遠不會到達目的地(彼岸)的. 「淨土禪」法門 得自於佛菩薩的親傳口授 乃西方淨土的修持方法 難遇而易成. 在這裡將一一回答多年來讀者有關對「淨土禪」的諸疑問.

問: 淨土禪修法要多少時間能得到什麽利益?

答: 請參看以下簡單的一份表格-

這個表格 是教你們按照這樣的一個程序 順序漸進地去修無始以來在心靈上所染的業病 便能逐步袪除 使心靈恢復到無念的境界(本來面目)卽得到眞常之心. 佛教不論是哪一個宗派如禪 淨 密 在修行上 如茹素 通經 禮拜 念佛 持咒 觀想 結印 數息 焚頂 燒指 刺血寫經等 無非是教人排除心中的雜念 把衆生一切的顚倒妄想 業障消除盡淨. 換句話說 萬法皆是教導人如何「治心」當心靈上獲得淸淨之後 再除去法空 能了解這個規律 眞心自然會得到開悟.

수행자는 자신이 기대하는 장래의 도과道果가 개화견불하거나, 명심 견성하고 성불하는 것이나 입지성불立地成佛하는 것이거나 할 것 없이 이와 같은 성불작조成佛作祖의 목적을 달성하려면 무엇보다도 먼저 ≪심중무념≫의 토대를 닦아야 한다. 오로지 ≪무념≫상태에서만이 누구나 성불하여成佛之道를 깨달을 수 있다. 만일 마음이 귀일(일념이 만념을 통섭統攝)하지 못하고 (일념이 공적空寂으로 일념의 무념으로의 전화)전변하지 못하였다면 이러한 상태는 마음을 다스리는 원리를 등진 때문에 성불성도成佛成道 할 수 없을 뿐만 아니라 한 평생 수행하였다 하더라도 마지막에는 물거품처럼 헛수고로 돌아가고 만다.

修行者無論是期望自己將來的道果是花開見佛 明心見性成佛 或立地卽身成佛等 要達到這個成佛作祖的目的 首先必須具備這個基礎 就是「心中無念」只有在「無念」的狀態中 才能悟入各種成佛之道. 如果心不歸一(一念統攝萬念) 一不空寂(從一由轉化成無念) 違背了這個治心的原理 是不可能成佛成道的. 而且修了一輩子 到頭來還是一場空 徒呼負之!

정토선 염불법은 먼저 체내의 자성을 환기시켜

염불하게 한 다음 행, 주, 좌, 와의 경우에 체내가 염하는 《나무아미타불》불호를 명심해 들음으로서 만념이 일념으로 돌아가게 하고 오래도록 견지하여 입정入定하게 하는 것이다. 그 뒤를 이어 불호마저 잊어버리면(無念無想) 곧 진심의 본래면목이 나타나게 되고 따라서 자연히 꽃이 피고 부처님을 뵙게 된다.

淨土禪念佛法 是先喚起身內的自性會念佛 然後 在行住坐臥間 注意傾聽身內所念的一句佛號「南無阿彌陀佛」使萬念歸一念 久之便是入定. 跟着 連把一句佛號也忘掉(無念) 眞心本來面目便會現前 自然就 花開見 佛了.

정토선좌법坐法에 대하여 설명하고자 한다. 평상시에 행, 주, 좌, 와의 경우 수행자가 묵념하는 불호를 들을 수 있게 되면 매일 시간을 정해놓고 두 번이나 네 번 정도 앉아서 수행한다. 매번 앉아 있는 시간은 한 시간이나 두 시간으로 정할 수 있다. 앉을 때의 가장 표준적인 자세는 머리를 바르게 하고 어깨를 평평하게 하고 눈을 실오리만큼 뜨고 입을 꼭 다물고 혀를 입천장에 대고

(입안이 마르지 않음) 허리를 곧게 하고 손을 미타인으로 하고 두발을 포개고 앉거나 한쪽 발만 포개거나(가부좌, 반가부좌 자세) 자연자세로 앉으면 된다.

淨土禪坐法 平時行住坐臥 都可以聽到身內一句默念的佛號 但海天要規定一個時間 坐兩次或四次 海次一點鐘或兩點鐘. 而坐時最標準的姿勢是 頭要正 肩要平 眼放開一絲口宣閉 舌低上顎(口不會乾燥) 腰要直 手結彌陀印 兩脚雙跏趺坐 或單趺 或如自然坐姿亦可.

질문 : 어째서 정토를 수행할 때 좌선坐禪을 배합하여야 하는가?

대답 : 정토는 염불이다. 염불의 목적은 만법을 일법에 통섭統攝시키는 것이다. 다시 말하면 만념을 일념에 돌아가게 하고 나아가 심령으로 하여금 무념의 경계(禪淨合一에 도달하게 한 다음 아미타불의 영접과 안내를 받아 서방정토에 왕생하면서 더 깊이 수련하게 하는데 있다. 수행하는 사람이 자력自力으로 해탈하려면 일념으로부터 더 수행하여 무념에 도달하여야 한다. 이른바 법공法空은 삼

매를 증득하지 않으면 제거할 수 없다. 이 속에 담겨있는 진실한 뜻을 체득하면 정선합일을 이해할 것이며 법문을 거스르지 않을 것이다.

問: 爲什麽修淨土 還要配合坐禪呢?

答: 淨土即念佛 而念佛的目的 是統攝萬法歸一法 亦即使 萬念歸一一念 晉而使心靈達到無念的境界(卽禪淨合一) 再蒙阿彌陀佛的接引 往生西方淨土再行深造. 如果修者自己(自力) 要得到解脫從一念中再修到無念 卽所謂的法空非禪定不可. 能領會其中眞意 就知道淨禪合一法門不二.

질문 : 그렇다면 정토염법은 마음을 다스려 만념을 통털어 일념으로 돌아가게 하는 것이고 선禪은 출세법出世法인데 선禪의 도리란 어떤 것들인가?

대답 : 나는 학식도 없고 권위인사도 아니므로 공안公案도 모르고 시구詩句도 모른다. 나는 다만 선禪은 심중의 무념을 추구하는 것이고 성불하려면 명심견성하여야 하며 좌선하지 않으면 안된다는 것만을 알고 있다. 수선修禪은 《유입流入》법이

다. 그것은 정신상의 각종 병을 치료해 준다. 아득한 옛적부터(無治以來) 우리 정신은 육근의 문을 통하여(六根門頭) 나가서 형상, 소리, 냄새, 맛, 접촉, 법(色聞聲香味觸法卽六塵)에 의하여 깊이 물들었다. 이제 ≪생사, 해탈≫은 정신이 흘러나가 망념에 물든 상태를 다시 거두어 들이는 것으로 전환시키는 것이며 이 단계에 있어서 한동안 내면의 정신상태에서 적응할 수 없는 까닭에 ≪환각幻覺≫과 ≪착각錯覺≫이 일어나게 됨을 잘 알게 되었다.

問: 照你設淨土念法 是治心萬念歸攝一念 禪是出世法 清說一些禪道理?
答: 我沒有文化 也不是權威人士 會說公案 會說時句 我只知道禪是要求心中無念 你要成佛 明心見性 非坐禪不可. 修禪爲『流入』法 把我們精神上的各種病治癒過來 我人的精神 從無始以來 由六根門頭向外放出 探染入色聞聲香味觸法(六塵) 現在知道了『生死 解脫』把精神的出流轉爲入流 在這個階段內 精神上一時 不能適應 就會產生『幻覺』與『錯覺』了.

질문 : ≪환각≫과≪착각≫이란 무엇인가?

대답 : 수행자가 공부하여 일단 정정靜定하면 장기간 잠재의식 속에 간직되고 있던 업식종자業識種子가 솟아 나와 심령 속에서 활동하게 된다. 때로는 온 하늘에 신불神佛이 우글거리고 때로는 선악仙樂이 들리기도 하고 때로는 특별한 향내가 온 방안에 가득 차있고 때로는 신선, 야수, 귀신이 보인다. 이러한 현상을 ≪환각≫이라 한다.

이른바 ≪착각≫이란 돌이 호랑이로 보이거나 나무토막이 말로 보이거나 나무가 귀신으로 보이거나 밧줄이 뱀으로 보이는 현상들이다. 수선修禪하는 사람에게 있어서 누구나 다 많거나 적게 ≪환각≫과 ≪착각≫을 경험하게 된다. 이러한 경계들을 보았을 때 알은 체 하지 말아야 한다. ≪환각≫과 ≪착각≫은 사람들로 하여금 그 상태를 진실로 믿게 한다. 어떤 상태는 깨달음이 실현된 것처럼 수행자의 심의心意에 따라 각양각색의 상응한 현상을 나타낸다. 이 환각과 착각은 공부에 아무런 보탬이 없는 것이다. 그러므로 조금만 조심하지 않으면 마망魔網에 빠지고 만다. 금강경에 ≪만일 모양으로 나를 보려 하거나 음성으로 나를 찾으려 하면 그는 곧 삿된 도를 행하는 자라, 여래를 길이 볼 수 없으리라≫고 말하고 ≪일체 현상계의 모든 생멸법은 꿈이며 환각이며 물거품이며 그림자 같고 이슬 같고 번개 같으니 마땅히 이와 같이 볼지어다≫라고 말하였다. 이 말을 명심하여 기억하고 있으면 마魔에게 홀리지 않을 것이다.

問: 什麽叫做『幻覺』與『錯覺』呢?

答: 人一旦靜定下來 累劫在潛意識所含藏的業識種子 便會湧現出來 在心靈上活動. 有時 見到滿天神佛 或耳聞仙樂 或聞異香滿室 或有神仙 野獸 鬼魅出現在眼前 這叫做『幻覺』. 所謂『錯覺』如見石爲虎 木頭爲馬 見樹像鬼神 見繩是蛇等. 對一個修禪的人來設 多多少少 都會見過『幻覺』與『錯覺』如有見到了這些境界 都不要去理它. 『幻覺』與『錯覺』會使人信以爲

眞 有的竟能時至事現 依行者的心意 現出種種相應的景像 絲毫不爽故一不小心 便容易墮入魔網. 金剛經有說：『若以形相見我 聲音求我 是人行邪道 不能見如來.』又渴曰：『一切有爲法 如夢幻泡影 如露亦如電 應作如是觀.』請牢牢的記住這些話 就不會被魔境所誘騙了.

질문 : 어느 수선修禪자에게서는 갑자기 몸이 요동을 치며 앞으로 기울어졌다 뒤로 잦혀졌다 하며 좌우로 빵빵 돌아가며 손발이 춤추는 현상이 나타나는데 마에 홀린 것이 아닌가?

대답 : 마에 홀린 것이 아니다. 이것을 가리켜 ≪본인의 영혼원능의 활동≫이라 하고 약칭하여 ≪영동靈動≫이라 한다. 이럴 때 절대 놀래거나 당황하지 말고 내버려 두어야 한다. 그 현상은 체내의 백병을 치료하고 건강을 회복시키는 효능을 가지고 있다.

중생은 세상에 태어날 때부터 진심정신眞心精神 이 밖으로 흘러 나와서 육근문六根門에서 육진六塵에 깊이 빠지고 육도六道에 떨어져서 생사윤회生死輪廻한다. 그리하여 좌선정수坐禪靜收 하게되면 자신의 혈단血團 속에서 맑은 정신으로 되돌아서게 한다. 정신을 너무 긴장시켜서 급한 마음을 내어 180도 회전을 하듯이 급회전을 하게 하면 때로는 체내심령이 적응하지 못하여 여러 가지 환각과 착각이 생긴다. 밤에 악몽을 꾸거나 머리가 아프고 심장이 세게 뛰고 근육이 쑤시는… 등 몸이 불편한 감을 느낀다. 만일 이러한 현상이 생기면 휴식하여야 한다. 휴식하면 침을 맞거나 약을 먹지 않아도 자연히 낫는다. 정상이 회복된 다음 다시 천천히 배우면 된다.

問: 有人修禪 突然身體自然搖動 前傾後仰 左右旋轉 手足舞蹈 是否着魔?
答: 不是着魔. 這叫做『本人靈魂原能活動』簡稱『靈動』千萬不要驚慌夫掊任他行爲 它有治療身體百病 恢復健康的效能. 衆生從始以來 眞心精神流外奔波 從六根探入六塵 墮入六道生死輪廻. 而坐禪靜收 在本身血團中把精神折回 要迫使它急速回轉 如180度般急轉回來. 有些時候 由於身體內心靈一時不能適應 便會産生出種種幻覺與錯覺 或夜有惡夢 身體有時也會出現不適之

感 如頭痛 心跳 肌肉刺痛……等等 如有發生這種徵狀 可以放下休息 不必打針吃藥 自然會好 恢復正常 再慢慢學習.

질문 : 과거의 대승선림들은 모두 화두話頭를 참구 하셨는데 당신은 선법을 버리고 문호를 따로 세우는 것이 아닌가?

대답 : 그런 것이 아니라 응기설법應機說法이다. 최초에 선종조사祖師는 마음으로 마음으로 전하고(以心傳心) 후에는 점점 화두話頭를 설교하는 데로 발전하여 기봉機鋒을 이용했던 것이다.

이를테면 전통적으로 관용해온 ≪조사서래의祖師西來意란 무엇인가?≫, ≪염불자는 누구인가?≫, ≪개는 불성佛性이 없다.≫, ≪어머니가 낳기 전의 면목(本來面目)≫, ≪시체를 끄는 자는 누구인가?(拖尸)≫, ≪만법귀일이라면 일은 어디로 가는가?(萬法歸一 一歸何處)≫하는 것과 같은 것들이다. 요컨대 당시는 응기 설법이다. 각 문에도 개오자開悟者가 있었다. 그렇지만 현 시기는 말법시대이므로 진법眞法으로부터 떨어진지 오래 되었고 난관이 겹겹이 가로막혀 중생의 근기가 다시는 화두로부터 개오開悟하기 어렵다. 그러므로 선종도 점점 쇠약해지고 있다.

능엄경에 있는 말과 같이 ≪사람이 손가락으로 달을 가리키며 달을 지적하였다. 그 사람은 손가락이 가리키는 대로 보았어야 했을 것이다. 만약에 손가락을 다시 보면 월체로 보인다. 이 사람은 어찌하여 달을 잃고 그 손가락도 잃어 버렸는가≫

그러므로 화두를 참구 해서 개오하는 것은 더디다. 말법시대인 지금의 중생은 오로지 먼저 심령을 다스려 진심의 정상을 회복하는 것을 첫걸음으로 삼아야 한다. 해탈법문이 일단 열리기만 하면 성불작조할 희망이 있다. 내가 정토와 선의 문호를 뜯어고치는 것이 아니라 양자를 결합시키는 것이다. 이렇게 함으로서 심령을 진정으로 치료하는 효과(無念)를 달성하여 속히 불성을 개오하는데 도달하려는 것이다. 그러므로 정토선이라고 부른다. 정토선은 사람의 마음을 정토로 되게하여 아무 생각도 나지 않게 하고 무생법인無生法忍에 도달하도록 한다. 다시 말하면 이것이 바로 선의 극의極意인 것이다.

問: 過去大乘禪林都是參話頭的 是不是你把禪法解掉另立門戶呢?

答: 不是的 是應機說法. 最早的禪宗祖師以心傳心 後來漸漸發展成說話頭打機鋒 如專統上慣用的『什麼是祖師西來意?』『念佛者是誰?』『狗子無佛性.』『娘末生前面目.』『拖死尸的是誰?』『萬法歸一一歸何處?』總之 當時是應機設法 各門也都有開悟者. 可是 現在是末法時代 離眞法久遠 難關重重 衆生的根機 再也難從話頭得到開悟了. 故禪宗也漸漸哀瀓下去. 如楞嚴經云:『如人以手 指月示人 彼人因指 當應看見 若復觀指 以爲月體 此人豈惟 亡失月輪亦亡其指』.所以看話頭開悟者慢了. 現在末法時代的衆生惟有先治心靈 把眞心灰復正常爲第一步 解脫法門一旦打開 成佛作祖就可期了. 我不是把靜土與禪的門戶改掉 而是把二者合而爲一 以期達到眞正治療心靈(無念)的效果早日開悟佛性 故名淨土禪. 淨土禪使心成淨土 一念不生參到無生法忍 也就是禪的極意了.

수선修禪의 방법은 일반 사람들이 실행하기 어렵다. 삼장三藏에 깊이 들어가면 지혜가 바다 같은 모든 중생들이 ≪광심狅心을 갑자기 멈추면 멈추는 것이 바로 보리菩提이니라.≫라는 것을 누구나 다 알고 있다. 그러므로 심령에 무념하면 그 즉시 해탈된다. 그러나 애석한 것은 일부 수행인들이 일구월심으로 갈고 닦지만 아무런 효과도 거두지 못하고 개오할 수 없다는데 있다. 그리하여 자신의 업장이 너무 깊고 무거워 스스로 빠져나올 수 없으며 아무리 수행하여도 얻은 것이 없으므로 원망한다. 무엇 때문에 이러한가?

그것은 수행인이 자신의 체내에서 찾을 줄 모르고 신체를 구린 피낭으로 간주하며 이 신체가 바로 진귀한 보배라는 것을 모르고 있기 때문이다. 그리하여 ≪신각身覺≫을 진귀한 보배라 한다.

修禪的方法 難倒天下蒼生. 探入三藏 智慧如海的衆生 都知道『狂心頓歇 歇卽菩提』故心靈無念 當下卽得解脫. 但可悲的是 一些修行人窮年累月 若修若練 就是無甚效果不能開悟 而自怨業障太深重 不能自拔 終無所獲. 爲什麽會這樣呢?

因爲修行者不知道從自己身內我 認爲身體是具臭皮囊 不知道這個身體 正是個無價之寶 而這個無價之寶 叫做『神覺』

≪신각身覺≫은 수행의 진귀한 보배이다修行的無價之寶

≪신각≫은 본 문답의 정수이므로 대단히 중요한 것이다. 여러 독자들은 신각에 대하여 자세히 듣고 열심히 참오參悟하기 바란다.

질문 : ≪신각≫이란 무엇입니까?

대답 : ≪신각≫에 대하여 자세히 설명하자면 한량이 없는데 독자가 실행하기에 달렸다. 그것을 나누면 다음과 같은 3가지이다.

①신물각身物覺 ②신신각身神覺 ③신성각身性覺이다.

첫째는 물각物覺으로서 세상 사물에 속하는 것이다. 그것은 인간 세상의 공功, 명名, 이利, 록祿, 영화부귀榮華富貴를 추구하는 것이 다 포함된다.

둘째는 신각身覺으로서 천계天界에 속하는 것이며 도교道教가 추구하는 천도天道이므로 그 경계가 높기는 하지만 일정한 집착을 가지고 있는 것이다.

셋째는 성각性覺으로서 불교 수행자들이 응용하는 ≪신각身覺≫이다. 그것은 참선하여 도를 깨닫는데 있어서 진귀한 보배이며 신심身心을 다스리는 세찬 염류念流이다. 그것이 아니면 큰 성과를 이룩할 수 없다. 망상이 솟아나올 때 신각을 이용하면 바람에 연기와 안개가 날려가고 만리 창공이 맑게 개이듯이 즉시로 마음이 맑아진다.

참선하는 사람이 범하는 가장 큰 오류는 ≪신성각≫을 운용할 줄 모르는데 기인한다. 그들은 이 신체는 사대가 가합(四大假合)한 구린 피낭이며 생겨났다 없어지는 것이 아무런 역할도 할 수 없는 것이라고 간주한다. 그들은 이 신각이 망상을 소멸 하는데 있어서 신효神效가 제일 좋은 것이라는 이치를 알지 못하고 있다.
(按:『身覺』是本問答中的精華所在 非同小可 讀者諸君請細心參悟爲要.)

問: 什麽叫做『身覺』?
答: 『身覺』說起來話好張 看你怎樣去覺 劃分起來 有三個範疇 就是(一)身物覺 (二)身神覺 (三)身性覺. 第(一)種覺 卽物覺 是屬於世間的東西 所求的是人世間的功名利祿榮華富貴. 第(二)種覺 卽神覺 屬於天界的東西 也就是道敎所求的天道 境界雖高 是有所執着的. 第(三)種覺 卽性覺 是佛家修行者所應用的『身角』.是參禪悟道的無價之寶 對治身心內的滾滾念流 非它不能克泰膚功 當妄想湧現起來時 投下身覺 頓時煙消霧散 晴空萬里. 修禪者所犯的最大錯誤 就是不懂得運用這個『身性覺』認爲這個身體是四大假合的臭皮囊 有生有滅 不能起任何作用 他們不知道這個身覺對消滅妄想 最有神效.

질문 : 이 3종의 ≪각≫의 내용을 간단히 설명해 주십시오.

대답 : 인간이 만물의 영장이라는 말은 공인하는 바이다. 신체도 만물지각萬物之覺이다. 지구상의 모든 물질은 들리거나 보이는 것의 감각을 준다. 이것이 바로 첫 번째 ≪신물각身物覺≫이다.

과학자들은 물질에 대한 연구에서 바로 이 ≪신물각≫을 응용하고 있다. 그것이 전자, 원자, 핵에너지를 발견하고 이용하여 수많은 공장들을 끊임없이 지어서 주야로 조업하도록 하며 손을 내 밀어도 다섯 손가락이 보이지 않는 칠흑 야밤에도 크나큰 빛을 뿌려준다. 그것의 해로운 점은 히로시마와 나가사끼에서 당한 원자탄 재난과 마찬가지로 수십만의 생명을 순식간에 전멸시키는 재앙을 불러온다는 데 있다.

問: 請簡單扼要的說明這三種『覺』的 內容?
答: 大家所公認的人爲萬物之靈 身體也是萬物之覺 凡是地球上所有的物質看到的聽到的有聲有色的覺 叫做(一)『身物覺』. 科學家在物質上的研究 所應用的就是這個『身物覺』它發現了電子 原子 核能 能使成千上萬工廠的巨論輪轉不停 日夜生産. 在伸手不見五指的黑夜 大放光明. 害的方面 如廣島與長崎的原子彈浩劫 數十萬生靈一旦同歸於盡

두 번째 ≪신신각身神覺≫은 도가의 연정화기練精化氣, 연기화신練氣化神, 연신환허練神還虛와 같이 심령상에 일정한 집착이 있기 때문에 다만 천계天界의 이십팔천二十八天내에만 활동할 수 있을 뿐 삼계三界를 벗어날 수 없다. ≪공空≫을 더 수련(我執法執을타파)하여야 삼계를 벗어날 수 있다. 신각은 바로 신계神界이며 우리의 눈으로 볼 수 없는 것이다.

바람, 전기 같은 것도 신질神質에 속하는 것이다. 바람은 큰 나무, 가옥을 넘어뜨릴 수 있는 것이지만 그 형체가 보이지 않는다. 전기도 역시 그러한 것이다. 어떤 사람은 우리가 어째서 그처럼 큰 수미산, 사천왕四天王, 도리천忉利天을 지구에서 볼 수 없는가라고 말한다. 이러한 천상은 다 신질에 속하기 때문에 우리의 눈으로는 볼 수 없다.

『身神覺』如道家的練精化氣　練氣化神　練神還虛　在心靈上因爲有所執着只能在天界的二十八天內活動 不能超出三界外. 除非再修『空』(破除我執法執) 才能超出三界. 神覺 就是神界 是肉眼所看不見的 如風 電也是屬於神質. 風能推倒大樹 房屋 可是風的形體是我們看不見的 電亦如是. 有人說 須彌山那魔大 四天王 忉利天爲什麽我們在地球上看不見呢 因爲他們屬於神質.

세 번째 ≪신성각身性覺≫이란 신각이 성질을 지각하는 것이다. 그것은 삼계三界 밖으로 나아가 온 허공, 온 법계, 온 불국을 제 마음대로 돌아다닐 수 있는 것이다. 그러므로 신각은 우선 몸으로부터 수련하여야 한다. 몸 밖에서 복을 추구하는 것은 인간세상의 생멸법이므로 복을 추구하여도 소용이 없다.

그러므로 신각은 신내身內로부터 수련하여 자기 심내心內의 불성을 찾아 내야 한다. ≪나무아미타불≫이란 성호를 외우며 일념으로 만념을 틀어쥐고 먼저 자신 심령의 모든 망상을 제거하고 심령의 진상眞常을 유지하며 장기간 수련하면 자연히 법신法身이 드러난다. ≪나무아미타불≫마저 잊어버렸을 때(무념일 때) 해탈하게 되고 따라서 법신이 자유자재로 동서남북을 돌아다닐 수 있다. 심령에 생각하는 것이 있다면 일념이 존재하는 것이므로 자유롭게 돌아다닐 수 없다.

설령 염불하여 마음속에 혼란이 생기지 않았다 하더라도 아직 염불의 일념이 남아 있는 것이다. 그렇기 때문에 임종시 아미타불님의 안내로 서방극락세계의 구품연지九品蓮池에 가서 더 수련하여

야 비로소 화개견불花開見佛 할 수 있다

『身性覺』卽身覺能覺性質 超出三界 整虛空 遍法界佛國任君遊. 所以身覺先從身修起 身外球福 是世間的生滅法 求福無用 故要從身內修起 我出自己心內的佛性 念『南無阿彌陀佛』聖號 以一念統攝萬念 先把自己心靈上的所有毛病祛除掉 先得心靈眞常 久練之 自然就是法身. 直至一句『南無阿彌陀佛』也忘了(無念) 心靈無念 卽得解脫 這時你的法身 消遙自在 東南西北任君遨遊. 心靈有念 就是一念存在 還是不得縱橫自在. 就是念佛一心不亂 還是存有念佛的一念 結果 臨命終時還是要靠阿彌陀佛的接引往生西方極樂世界九品蓮花中再修 才能花開見佛.

목표를 확정하면 성도 할 수 있다立定目標 成道可期

수행에 있어서 먼저 명확한 목표를 세우는 것이 필요하다. 그 목표를 향하여 전진하여야 성공할 수 있다. 그렇지 않으면 망망한 불해佛海에서 방향을 잃고 갈 곳을 찾지 못하게 된다. 수행이란 바로 수심修心이다. 제일 두려운 것은 공부가 마음 밖으로 떨어져 맹목적으로 수련하고 일생을 헛되이 보내는 그것이다. 대승불법이 제시하는 많은 법문이 거짓말은 아니지만 그 수지하는 목표가 명확하지 못하다. 자기의 업장이 심중하여 금생에 불도를 성취할 수 없다고 자기만 원망하는 견해는 옳지 않다.

먼저 몇가지 과거의 수지 방법을 소개하려 한다.

첫째로 소념법掃念法을 들 수 있다. 심령에 대하여 수지함에 있어서 ≪먼지가 앉지 않도록 수시로 자주 닦아야 한다.≫어떻게 닦아야 하는가?

그것은 바로 수시로 회광반조廻光返照하는 것이다. 염불의 시작을 걱정할 것이 아니라 다만 각성의 늦음만을 걱정하여야 한다. 염불을 시작하면 그 즉시로 그것을 감각할 수 있다. 그러나 감각하자마자 없어진다.

둘째로 임유법任由法이 있다. 망상에 대하여 마치 여인숙 주인이 한쪽에 앉아서 손님들이 오가는 것을 아는 체하지 않는 것처럼 아는 체하지 말아야 한다. 이른바 ≪청산은 무심히 서 있거늘 흰 구름은 제멋대로 오고 가는구나≫하는 격이다.

한 마음에는 견분見分과 상분相分이라는 두 분이 있는데 이 두 법을 견분에 적용할 때 상분의 활동에 주의를 돌리지 않는 경지가 되어야 한다.

修行需要先立定一個明確的目標 向着這個目標前進 便能成功.否則 茫茫佛海 你將何去何從? 修行是修心 最怕功夫落在心外 盲修瞎練 虛度一生. 大乘佛法所開示的許多法門 不是不眞 但修持不明確. 不要只一味埋怨自己的 業障深重 今生不能成就佛道 這種看法是不正確的.

先介紹過去幾種修持方法:
(一)掃念法 : 對心靈修持「時時勤拂拭 勿使惹塵埃」如何拂拭呢? 卽時時廻光返照 不怕念起 只怕覺遲 念起馬上祭覺它 覺之卽無.
(二)任由法 : 對妄想不送不迎 像旅社主人 坐在一邊 不管張三李四 任由他們來來去去 不去理它 所謂「靑山永不動 白雲自往來」是也. 我人一心 有見相兩分 這兩法用到見分 還須注意相分的活動.

마지막으로 점령법佔領法이 있는데 이 법은 심령을 차지하고 틈을 주지 않음으로서 망상으로 하여금 들어오지 못하도록 하고 마음을 한 곳에 집중하는 것인데 그것은 또 다음과 같은 몇가지로 나뉜다.

우선 눈을 감고 좋아하는 한 가지 사물만 관상하여 그 사물로 하여금 심령 전부를 차지하게 함으로서 망상이 생기지 못하도록 하는 관상법觀想法이 있으며 다음으로 한 《화두》를 선택하여 참구參究 연마하는 것인데 참구해 가면 연마가 될수록 흥미가 진진하여 심령으로 하여금 끊임없이 이어져서 망상할 겨를이 없도록 하는 참화두법參

話頭法이다. 다음 염불법念佛法은 다만 ≪나무아미타불≫이란 한마디만 외움으로서 만가지 상념을 통털어 일념에 돌아가 안착시키는 것이며 마지막으로 신성각법身性覺法을 들 수 있다. 만념을 일념에 귀섭歸攝시키고 체내의 ≪환각, 착각≫을 소멸함으로써 마음의 자재自在를 얻는 것이 바로 ≪신성각≫이다.

바꾸어 말하면 신각이 모든 망상을 변화시켜 알게 함으로서 망념된 상들이 소멸하여 후념後念에 다시 생기지 않도록 하면 그 즉시로 진심이 나타난다. 이것이 바로 ≪생이 멸한다는 것도 멸하여 적멸의 경지에 이르러야 진심이 나타난다(生滅已滅 寂滅現前)≫는 것이다.

나는 수행자들이 세 번째와 네 번째의 두 가지 법을 잘 이용하기 바란다. 그러면 오래지 않은 장래에 성도成道할 수 있을 것이다.

占領法 : 此法是把心靈佔住 不留空隙 使妄想不得其門而入 制心於一處 又

分爲下列幾點：1. 觀想法：閉目觀想一種所喜愛之物 讓它全部把心靈佔據不讓妄想生起.

2. 參話頭法：選擇一個「話頭」參研 越參越有味道 使心靈不斷地工作 無假妄念.

3. 念佛法：只念一句「南無阿彌陀佛」統攝萬法歸一念.

4. 身性覺法：萬念歸攝一念 把身內的「幻覺 錯覺」消滅得了心自在 就是「身性覺」就是身覺化解一切妄想 立刻消滅 後念不再生起 眞心頓現 這就叫做「生滅已滅 寂滅現前.」我希望修行者能善自利用 3, 4兩種法 成道指日可得.

심중에 생각하는 것이 있으면 그 어떤 법문도 구원하지 못한다.心中有念任何法門都救不了你

≪염불법≫과 ≪신성각≫을 이용하려면 무엇보다도 먼저 신각에 치중하여야 한다. 조용히 앉아서 아미타불이라는 성호를 외울 때 체내를 주시하면 곧 이 불호가 자기 체내에서 스스로 울려나오는 것임을 발견할 수 있다. 처음에는 신체는 피와 살로 구성된 것이므로 ≪이 사물≫이 없어야 하는데 어째서 이럴까?하는 의혹과 이상한 감을 느끼게 될지도 모른다. 선학禪學에서는 이와 같은 이상한 감각을 의정疑情이라 한다.

欲用「念佛法」和「身性覺」首先要注重身覺　當你身靜念阿彌陀佛聖號時　你注視身內　就會發現到　這一句佛號　就在你的身中自然發出. 開始的時候　你或許會感覺到奇怪　身體是個血肉之軀　不該有「這個東西」啊　便會感到大或不解對於這個「神秘的顯現」和存在　會使你越想越覺得奇怪　這種奇怪的感覺　禪學上叫做「疑情」.

이어 계속 수행하면서 조용히 앉아서 조용히 불호 ≪의정≫을 들으면 얼마 안가서 점차 가경

佳境에 들어간다. 즉 청량한 경지에 들어서고 체내가 텅 비게 된다. 즉 ≪진여眞如≫가 나타난다. 이 단계에 와서 때로는 염불하지 않고 눈을 감고 체내에 무엇이 있는가 들여다 보게 된다. 순리대로 말하면 육신 안은 정지靜止 상태여야 하지만 안에서 자언자어로 말하고 웃는 것이 있다. 신체가 물질임에도 뱃속에 ≪이러한 것≫이 존재한다는 것은 너무나 이상한 일이 아닌가! 또한 여기에는 신비감과 재미가 충만되어 있지 않은가! 계속하여 체내의 자언자어로부터 소리도 종적도 없을 때까지 수련하고 심중무념에 도달하면 ≪법신≫이 나타난다. 만일 행, 주, 좌, 와의 경우에 계속 ≪심령의 무념≫상태를 유지하면 재빨리 해탈될 수 있다.

你接着修下去 靜坐靜聽一句佛號「疑情」不久 漸入佳境卽入清凉地 身體內現出空空如也「眞如」出現了. 在這個階段內 有時你不念佛 閉目內視 看看在身體內有什麽東西照理 肉身內是止的 但是 這時裡面有自言自語 有說有笑的東西. 旣然身體是物質的 有「這種東西」存在 那不是太奇怪 充滿了神泌感和趣味性了麽! 跟着 你把這些身內自言自語的東西 練到無聲無息 無影無踪 直至達到心中無念的時候 你的「法身」便出現了. 如果你能在行住坐臥間 繼續保持着這種「心靈無念」的狀態 你便能迅速得到解脫了.

불교의 모든 법문의 최종 목적은 수행자로 하여금 ≪심령의 무념≫에 도달하도록 하는데 있다. 그렇게 되기만 하면 십만 불국을 마음대로 돌아다닐 수 있고 반대로 그렇지 못하고 심중에 유념하면 그 어떤 법문도 구원할 수 없다.

심령이 무념에로 가는 길은 단 하나의 염불좌선(淨土禪) 하는 길밖에 없다.

佛教中任何法門 最終的目的 就是要修行者「心靈無念」只要你能做到 那麼十方佛國土 就任由你消遙自在的遨遊. 反之 如果心中有念 任何法門都救不了你. 要達到心靈無念 只有念佛坐禪(淨土禪)一途.

수행자의 심령은 ≪진아眞我≫이고 신체는 ≪가아假我≫이다. 심령이 무병하려면 무념하여야 한다. 혹시 심령에 무념하면 무지한이나 백치로 되지 않겠는가하는 의심을 품는 사람도 있을는지 모른다. 심령에 유념하면 ≪진상眞常≫을 상실하고 근심, 슬픔, 고뇌가 생긴다는 것을 알아야 한다. 수행자에게 있어서 심령에 무념하게 ≪진상

≫이 회복 될 때만이 ≪복과 지혜를 다 갖추고≫ 한량없는 공덕을 가질 수 있다.

修行人的心靈是「眞我」身體是「假我」要求心靈無病 就要無念. 或許有人懷疑 心靈無念 會不會變成無知或百痴呢? 要知道 心靈有念 會失去「眞常」產生出種種憂悲苦惱. 心靈無念 恢復「眞常」時 修行者便會「福慧雙全」功德是不可思議的.

불경에는 ≪부처님의 말씀에 의하여 생기고 법화에 의하여 생긴다≫라는 말이 있다. 법신대사法身大士는 천종天縱인 것이 아니라 올바른 불법을 좇아 마음 속에 깊이 들어가서 그 속의 광란과 뒤바뀜을 정지시킴으로서 법신을 증득한 보살인 것이다.

세상에는 ≪천생미륵天生彌勒, 자연석가自然釋迦≫가 없다. 그들도 이전에는 보통 사람과 마찬가지였으나 마음을 좋게하여 열심히 닦아 나아가서 망념망상이 완전히 정지될 때까지 순차적으로 수행함으로서 법신을 증득하고 불도를 성취하였다.

佛經中有說：「從佛口生 從法化生」法身大士 不是天縱 而是聽了正確的佛

法 深入心中 把心中的狂亂顚倒停息下來 便證法身了. 世上是沒有「天生彌勒 自然釋迦」的 他們以前也和普通人一樣 發心修行 順序漸進 直到妄念妄想完全停息下來 才證得法身 成就佛道的.

많은 수행자들이 처음으로 도를 들으면 매우 기뻐하며 용맹히 정진한다. 그러나 수년간 수행한 후에는 도념이 점차 쇠퇴된다. 어째서 그런가? 그것은 그들의 공부가 전부 심외心外에 떨어졌거나 심외에서 법을 탐구하려는 등 마음을 집중하지 않아 수행의 실제이익을 얻지 못하였기 때문이다.

수행자들에게 있어서 가장 두려운 것은 수행의 중점을 잡지 못하고 원리와 원칙을 벗어나 장님이 눈먼 말을 타고 이리저리 뛰어 다니는 격으로 그렇게 되면 성공할 수 없을 뿐더러 아주 위험한 것이다. 그러므로 원칙을 놓치지 말고 먼저 심령에 무념하도록 수행하여야 한다.

許多修行的人 初聞道 滿身歡喜 勇猛精進. 但修了幾年 道念漸退 這是什麽原因呢? 因爲他們的功夫都落在心外(心外求法) 或修分了心 沒有得到修行的

實益. 修行人最佰的是抓不到修行的重點所在 離開了原理原則 便成了盲人騎瞎馬 亂冲亂撞 這不但修不成功 反而危險性更大. 故必須抓住原則 先修你的心靈無念.

달마 조사님이 개시하신 선종은 직지인심, 명심견성, 견성성불을 가리킨다. 이것은 불법의 최고 원칙이며 정확한 방법이라 할 수 있다. 선종은 우리들에게 먼저 자심自心을 찾아낸 다음 이 심지心地에 노력을 기울여야 한다고 교시하였다.

육조六朝도 ≪자기의 마음을 모르면 부처님을 따라 배워도 이익이 없느니라≫라고 말씀하셨다. 왜냐하면 한 마디로 말해서 불법의 8만4천 법문이 모두 사람들에게 어떻게 ≪마음을 다스려≫심령의 병을 치료할 것인가를 가르쳐 주는 것이기 때문이다. 그러므로 수행에 있어서 가장 기본이 되는 조건은 먼저 자신이 심령이 어디 있는가 알아내는데 있다. 그것을 알아낸 다음 심중에 무념할 때까지 수행하여야 비로소 성문聖門에 들어갈 수 있다. 달마 조사가 개시한 선종은 정법正法의 안장이며 따라서 선종은 삼장십이부三藏十二部의 안목眼目이다.

達摩祖師所開示的禪宗 直指人心 明心見性 見性成佛 這可設 是最高的佛法原則 千眞萬確的方法 禪宗教我們先我出自心 然後在這個心地上用功夫. 六祖也設：「不識自心學佛無益」因爲佛法八萬四千法門 一言以蔽之 都是在教人如何去「治心」的 把自己心靈上的毛病治療好. 因此 修行最基本的條件就是先要知道自己的心靈 在哪裡 晉而修到心中無念 才能進入聖門. 達摩祖師所開示的禪宗是正法的眼藏 而禪宗是三藏十二部的眼目.

자심自心이 어디에 있는가?在那裡呢

여러 사람들은 틀림없이 어디 가서 ≪자심≫을 찾아오겠느냐고 물을 것이다. 이른바 ≪자심은 바로 불이다≫라고 하는데 그 ≪자심≫이 바로 참되고 항상 한마음(眞常之心)이다. 그것을 찾는 방법은 기실 아주 간단하다. 방법을 이용하여 체내에 숨어있는 항상 귀찮게 하는 노집자憦什子 즉 잡념, 망념을 정지 시키면 ≪자심≫, 즉 묘명본각妙明本覺한 진심이 나타난다.

相信大家一定會問 要從哪裡去我「自心」呢? 所謂「自心是佛」這個「自心」就是眞常之心 想要找回它 其實簡單得很啊 只要你把藏在身體內時常紛紛憂憂的憦什子(雜念 妄念)用方法使它停息下來 那麼 你的「自心」-妙明本覺的眞心 就會顯現出來.

세존께서는 성도成道 하셨을 때 다음과 같이 감탄하셨다.

≪이상하도다! 이상하도다! 대지 중생 모두가 여래의 지혜와 복덕을 가지고 있거늘 망상에 사

로잡힌 탓으로 그것을 증득하지 못하는구나. 망상을 없애기만 한다면 복이 스스로 오고 스승이 없이도 지혜를 얻을 수 있고 갖가지 능력을 자유로이 운용할 수 있을 지어다.≫ 세존의 이 몇 마디 말씀은 우리들이 수행함에 있어서 무엇보다도 먼저 ≪망상을 제거하여야 한다≫는 것을 아주 분명하게 제시하셨다.

이 목표와 길을 명확히 알고 또한 정확한 지침이 있어야 방향을 잃지 않으며 용맹하게 수행할 수 있으며 불법의 진정한 큰 이익을 얻을 수 있다.

世尊在成道時 這樣感嘆說：「奇哉! 奇哉! 大地衆生 皆具有如來智慧福德 只因妄常纏着 不能證得 若滅妄想 自來福 無師智 各種大能 任運自如.」世尊這幾句話 很明確的在指示我們 修行首要 「滅除妄想」把這個目標路線弄淸楚有了正確的指南 才不會走錯方向 才能勇猛精進的修持 得到佛法眞正的大利益.

망상이 진심을 가리게 하지 말아야 한다不要讓妄相遮住眞心

망상이라는 것이 중생의 심령을 속박하고 업을 짓도록 미혹시키며 중생으로 하여금 세세생생 고해에서 윤회하게 한다.

망상은 진심으로 하여금 항상 함을 잃게 하는 것이다. 사람의 심령에 망상이 있기만 하면 곧 고뇌에 빠진다. 그와 반대로 심령의 무념이 바로 해탈의 묘약이다. 기실 이 둘은 본래 하나이던 것이 둘로 나뉘어지기도 하고 둘이 하나로 합해지기도 하는 것이다.

마치 물과 파도처럼 동일한 것이며 나눌 수 없는 것이다. 이른바 ≪색色이 공空이고 공이 색이다≫는 말이다. 그러므로 망상을 소멸하려면 ≪마음≫에다 노력을 경주하여야 한다.

妄想這個東西纏縛住衆生的心靈 起或造業 生生世世在苦 海中輪廻. 妄想 是使眞心失常的産物. 人的心靈一有妄想便被苦惱所纏縛. 反之 心靈無念 就是

解脫的妙藥. 其實這兩者原是一而二 二而一的東西如水與波一樣是同一種東西 不能分折. 所謂「色卽示空 空卽示色」是也. 所以 要滅除妄想 就必須在這個「心」上用功夫.

출류出流와 입류入流는 마음을 경계선으로 삼는다.以心爲界

심외에서 수행하는 것(심외에서 법을 탐구하는 것)을 출류라 한다. 외도外道는 심외에서 법을 탐구하므로 비공鼻孔, 단전丹田, 임독이맥任督二脈, 육묘문의수식六妙門之數息에서도 지관止觀을 따르고 염불로 돌이켜서 수행이 폐부에까지 깊이 들어가게 노력하였다 하더라도 수행이 심중에 들어가지 못했기 때문에 출류의 구덩이를 벗어나지 못하고 이 범주 안에서 몸부림치는 것이다.

修行在心外(心外求法) 叫做出流. 外道心外處求法 不管是鼻孔 丹田 任督二脈 六妙門之數息 隨止觀還淨 功夫雖然已修到深入肺附 但修功不能抵心 仍不能脫却出流的窠臼 還是在這個範疇內打滾

심내에서 수행(심내에서 법을 탐구)하는 것을 입류라 한다. 이것은 망상이 생기면 쉽게 대치對治한다.

매우 많은 종파는 관상으로 망상을 제거한다. 예를 들면 밀종密宗, 유식唯識, 천태天台, 정토淨土의 수행자들은 관상을 많이 취하며 사람들에게 그들이 즐기는 것을 관상하라고 가르친다. 경에 제시한 바와 같이 ≪마음을 한 곳에 집중하면 못해낼 일이 없다≫ 그러나 말법 시대의 많은 중생은 뿌리가 얕아 관불 성취하더라도 각각의 상에 의하여 가리워진다. 그러므로 진심을 볼 수 없다.

修行在心內(心內求法) 叫做入流 能見妄想 易於對治 有很多宗派採用觀想來滅除妄想 如密宗 唯識 天台 淨土的修行者多採用之 教學人觀想他們所喜愛的東西 如經中所示：「制心一處 無事不辨」. 但末法時代的衆生多根淺 被觀成的各相遮住了 所以不能見眞心.

대승大乘에서 마음을 닦는데 있어서는 소념법을 취한다. 망상이 장기간 존재하고 있기 때문에 마음이 지혜를 상실하고 또한 근심, 고뇌, 슬픔이 생긴다. 그러므로 고덕古德은 ≪먼지가 앉지 않도록 자주 닦아야 하느니라≫고 주장하였다. 그러나 문제가 있다. 육근문두六根門頭로 ≪진애塵埃≫가 대량적으로 유입하여 온갖 뒤바뀜과 망상을 만들어 내고 있다. 유입하는 것이 닦이는 것보다 더 많아 다 닦아낼 수 없으니 어떻게 하면 좋은가?

후에 비교적 총명한 사람이 또 ≪임유법≫이라는 것을 발명하여 망상이 오면 영접하지도 않고 배웅하지도 않으며 시종 한쪽에 서서 망념이 마음 위로 한바탕씩 날아 지나가게 한다. 즉 ≪청산은 무심히 서 있거늘 흰 구름은 제멋대로 오간다≫는 격이다. 그러나 이 법은 다만 공空만 있고 진여眞如, 실성實性, 수섭修攝이 없다. 다시 말하면 전체가 공백이고 진공이체眞空理體가 아니다.

大乘修心 有一種掃念法 由於妄念長流 使心失去智慧 又能產生憂悲苦惱 苦古德主張「時時勤拂拭 勿使惹塵埃」可是 問題來了 六根門頭 大量流入的「塵埃」製造出種種顚倒妄想 所拭不如所入 故拭之不盡奈何? 後來比較聰明的人 又發明一種「任由法」當妄想來了 不迎 去之不送 自己始終站在一邊 讓妄念在心頭陣陣飄過 卽「靑山永不動百雲自往來」是也. 但是 此法只有空 而沒有眞如實性修攝 也等於是一片空百 而非眞空理體.

화두話頭를 참구하는 법은 선종에서 성행되는 방법인데 원칙적으로 정확한 것이다. 그것은 일념으로 만념을 대체하는 것이다. 총명한 사람들은 그 한 점을 통하여 진심의 소재를 참오參悟해 낸다. 그러나 말법시대의 중생들은 한 마디 화두를 참구한다. 예를 들면 ≪조사서래의祖師西來意란 무엇인가?≫는 진심이 아니고 이로부터 진심을 끌어내려는 것이다. 그러면 화두:≪염불하는 사람은 누구인가?≫도 화두인 것이 아니라 이로부터 화두를 끌어내려는 것이다. 그리하여 말법 중생들은 집착하거나 의심의 구덩이에 떨어진 것을 자심으로 간주하기 때문에 그 무엇을 참오해 내기가 매우 어렵다

參話頭是禪宗盛行的方法 原則上是正確的 以一念代萬念利根的人經其一點就參悟出眞心的所在. 可是 末法時代的衆生 參一句話頭 例如：「什麼是祖師西來意?」這不是眞心 而是要由它來引發出眞心 那麼 話頭：「念佛的是誰?」也不是話頭 是要由它參悟出話頭. 這一來 末法衆生把工具當工人 所以很難參悟出什麼東西來.

≪염불하는 사람은 누구인가?≫이것은 본래 아주 좋은 화두이지만 아미타불 성호를 몇 번 외우고 그친 다음 참오 한다면 ≪의정≫을 일으킬 수 없다. 그러기 때문에 염불하는 동시에 참오하여야 체내의 ≪염불자≫를 똑똑히 볼 수 있다. 그 다음 더 ≪염불자≫가 누구-육체내의 ≪그것≫-

을 참오 하여야 그 무엇을 참오해 낼 수 있다.

「念佛的是誰?」這原是個很好的話頭 但念幾句阿彌陀佛聖號 停下來參悟是無法起的「疑情」的 所以要邊念邊參見到身內的「能念者」歷歷分明 然後 再參悟這位「能念者」是誰-肉體內的「這個東西」-才能參悟出一個名堂來.

부처님의 가르침을 배우는 이들 중에 더러는 신체를 하나의 구린 피낭, 가죽자루, 육방자, 산송장으로 아무 소용도 없는 것으로 보아 넘긴다. 그러나, 수심에 있어서는 어디까지나 신체 내에서 찾아야 한다는 이치를 알 리가 없다. 다음과 같은 문제들을 생각해 보자.

첫째는 일종의 물질인 신체가 어떻게 염불할 수 있겠는가?(틀림없이 다른 무엇이 있다. 즉 염불할 수 있는 무엇인가 있다.) 둘째는 신체(물질)는 본래 정지된 것이다.(그런데 틀림없이 움직이려 하는 중요한 핵심이 있다) 셋째는 신체가 어떻게 자연자어로 말하고 웃을 수 있는가?(틀림없이 말할 수 있는 자가 있다.) 이 세 점은 물질인 신체 내에 참되고 신령스러운 마음이 존재한다는 것을 실증하는 것이다. 그렇다면 이 ≪진심≫이 어디에 있는가? 어떻게 하여야 그것을 찾아내겠는가? 이 몸 안 ≪염불하는 주체 자≫에 주의를 돌리기 바란다. 염불하는 한편 참오하면 안에서 ≪의정≫이 발생한다. 시간이 오래 지나면 이 ≪무엇(法身)≫이 나타난다.

佛學把身體看成是一具臭皮囊 皮袋子 肉房子 活死尸 好像是沒有一點用處. 豈知 修心還是得從身體內找. 試想(一)一具物質的身體怎麽會念佛呢? (一定有別的東西卽「能念者」在)(二)身體(物質)原本是靜止的(一定有個「推動者」在)(三)身體怎麽可能會自言自語 有說有笑呢(一定有個「能說者」在) 這三點 可以證明在物質的身體內 有個「眞心」(靈)存在. 那麽 這個「眞心」又在那裡呢? 怎樣才能拭出陀呢? 淸注意這個身體內的「能念者」你一面念一面參悟 裡面就發生了「疑情」久之 這個「誰」(法身)就會顯現出來.

≪의정≫은 망상의 화학제로서 부패腐朽를 신기神奇로 변화시키고 번뇌를 지혜로 전환시킨다.

우리가 이 혈육 덩어리 속에 여러 가지 망상이 일어나 자언자어 한다는 것을 감각하였을 때 즉시로 ≪신각≫에 투입하여 의정을 만들어 내야 한다. 왜냐하면 물질로서의 신체에는 망상이 즉시 보물로 변하는(證道의 보물) 것과 같은 ≪그러한 것≫이 있을 수 없기 때문이다. 심령이 맑게 가라앉고 낡은 생각(舊念)이 계속나지 않을 때가 바로 이른바 ≪생이 멸한다는 것도 멸하여 적멸의 경지에 이르러 진심이 나타나는≫경계이다.

「疑情」是妄想的化學劑 能化腐朽爲神奇 轉煩惱成智慧堂我們感覺到在這個血肉團中出現現種妄想 自言自語 這時 應立刻投入「身覺」把疑情製造出來. 因爲物質的身體是不可能有「這種東西」的 如是妄想立核變成是寶物(證道的寶物) 當心靈證徹 舊念無法繼起時 就是所謂的「生滅已滅 寂滅現前」的境界了.

심중에 무념하면 ≪상常,낙樂,아我,정靜≫,
즉 사덕四德을 증득할 수 있다.

중생의 심령은 본질상 정명원묘靜明圓妙한 것이다. 닦아 지님이 결핍한 탓으로 망상이 많고 통제력을 상실하여 정신이 주야로 내인외연內因外緣의 교란을 받기 때문에 법력에의 지배를 받아서 육도六道에서 맴돌게 되고 생사가 끊임없다.

석가모니불께서는 우리들에게 ≪망상을 없애기만 하면 복이 스스로 오고 스승이 없이도 지혜를 얻을 수 있고 여러 가지 능력을 자유로이 운용할 수 있을 지어다≫라고 각별한 제시를 주시었다. 그러므로 심중에 무념 하면 열반사덕, 즉 상, 낙, 아, 정을 증득할 수 있다.

心中無念 可證「常樂我淨」四德 衆生的心靈 本質上是淨明圓妙的 由於缺乏修持 妄想紛飛失去控制 精神日夜受到內因外緣的于擾 故受業力驅使恒在六道輪廻中打轉 生死不休. 釋迦牟呢佛持別指示我們道 :「若無妄想 自來福無事智 各種大能 任運自如.」所以心中無念 便證涅槃四德-常 樂 我 淨.

①상常 : 망상은 바로 무명無名, 업장, 생사이다. 수행을 잘하여 심중의 정념正念 또는 망념妄念이 죄다 그림자도 종적도 없이 소실되면 진상眞常의 경지에 들어가고 생사와 절연하게 된다.

常 : 妄想卽是無明 業障和生死 由於修行功夫得力 心中的正念或妄念 都會消失得無影無踪 進入眞常之境 便和生死絶緣.

②낙樂 : 심령心靈은 본질적으로 청량淸凉하고 안락한 것이다. 망상이 심령에 나타난 탓으로 밤낮으로 그침없이 심령이 갖은 교란을 다 받고 따라서 번뇌와 불안이 생긴다. 그러므로 수지 함에 있어서 심령 속에서 번뇌가 사라지게 하고 마음의 상태狀態, 즉 청량과 안락이 회복되도록 함으로서 심령으로 하여금 정상적 본질로 돌아가게 하여야 한다.

樂 : 心靈的本質是淸凉的 安樂的 由於妄想在心靈上出現 日夜不停 使心靈備受干擾 故産生了煩惱與不安 故在修持上使煩惱在心靈中消失 恢復心的常態-淸凉 安樂使心靈回到正常的 本質.

③아我 : 망상이 심령을 속박하기 때문에 지혜

가 가려지고 따라서 본래 소유하고 있는 대용 대능도 상실하게 된다. 만일 우리 심령내의 망상을 없애고 심령으로 하여금 정상을 회복하게 하며 이것이 장기간 지속되게 하면 신심이 해탈되고 나아가 자재무애하게 될 것이다.

我 : 心靈上有妄想纏縛 智慧受蔽 本有的大用大能也隨之喪失. 如果把我們心靈內的妄喪除掉 使之恢復正常 了了長知 身心解脫 便得大自在無礙.

④정淨 : 심령에 망상이 있으면 정지정각正知正覺이 덮이고 전지전능全知全能이 소지소능小知所能으로 되고 거기다 만종소지萬種小知가 심령에서 활동하므로 근심, 슬픔, 고뇌가 끊임없이 생겨난다. 만일 우리들이 심령의 만념을 일념으로 귀착시키고 일념을 무념으로 되게 하면 견문각지見聞覺知도 따라서 전변되며 법마다 다 진실한 경지에 도달한다.

淨 : 心靈上有了妄想 正知正覺便受到覆蓋 全知全能化爲小知小能 再加上萬種小知在心靈上活動 憂悲苦惱 由是相繼產生. 如果我們把心靈上的萬念歸於一念一念化 爲無念 則見聞覺知 也都跟着轉變 成就法法皆眞了.

신통력은 불법의 참된 이익이 아니다新通法力不是佛法的眞利益

수행에서 얻는 이익이란 무엇인가? 불법은 옆문이나 갈래길이 아니다. 수행하여 어떤 신명神明을 보았다느니, 어떤 부처를 만났다느니, 혼백이 하늘로 올라갈 수도 있고 지하로 들어갈 수도 있다느니, 영감靈感은 길흉화복을 예측할 수 있다느니, 그리고 백언백중百言百中이라느니 하는 것들은 신도神道의 피모기량皮毛技倆에 지나지 않는 것이다. 불법의 견지에서 말하면 이런 것은 진정한 수행의 이익이라고 할 수 없다.

불법의 진정한 이익은 사람들에게 어떻게 심령의 번뇌를 감소시키고 심령으로 하여금 안락자재하게 하며 심령을 점차적으로 정화시킴으로서 무념에 이르고 진성의 경지에로 들어가게끔 가르쳐주는데 있다.

什麽是修行的利益呢?

佛法不同旁門左道 認爲修到見到什麽神明啦 遇到某某佛啦 魂魄可以上天下

地啦 靈感能子側吉兇禍福 且百言中啦 這些只是 屬於神道的皮毛伎倆 以佛法的觀點來看 這些都不能算是眞正修行的利益. 佛法的眞正利益 是教導人如何將心靈上的煩惱減少 使心靈得安樂自在 把心靈逐漸地加以淨化 以至無念進入眞常之境.

혹시 우리가 심령이 무념할 때까지 수행하였을 때 이육시중二六時中 공무일물空無一物의 상태를 유지하게 된다. 그렇다면 공무公務를 처리할 때 심중에 또 망상이 생기면 어떻게 하겠는가 하고 물을 수 있을 것이다. 이 정황을 고덕古德의 말에서 한 단락을 빌어 말하자면 다음과 같다.

≪바람이 대나무는 스쳐지나 가지만 대나무를 바람이 지나가는 소리를 남겨놓지 아니하며 기러기가 찬 못을 지나가지만 찬 못은 기러기가 지나가는 그림자를 남겨놓지 아니하느니라. 그러므로 수행자는 일에 봉착하면 마음에 그 일이 나타나지만 일이 지나가면 마음이 텅 비게 되느니라≫고 하였다.

也許有人會問 我們修到心靈無念時 二六時中 保持空無一物的狀態 那麼 在

處理公務時 心中又在起妄念 怎麼辦呢? 這個狀況
可用古德的一段話來說 : 「風來疏竹 風過而竹不留聲 雁過寒潭 雁逝而潭不留影 故修行人 事來而心始現 事過而心隨功.」

한 사람에게는 두 개의 신체가 있는데 보이는 신체는 육신이고 보이지 않는 신체는 법신(심령)이다. 이 두 신체가 하나로 합쳐 있기 때문에 육신만 보이고 법신이 보이지 않는다. 보아도 보이지 않기 때문에 사람들은 법신의 존재를 의심하거나 부인한다. 도道를 지니고 있는 모든 사람은 누구나 다 심령에 무념하고 그 상태가 지속되면 새가 초롱에서 탈출한 것처럼 법신이 육신을 떠나 밖에서 거닐 수 있고 우주 공간에서 자유로이 돌아다닐 수 있다는 것을 잘 알고 있다.

현대의 많은 과학자들이 바야흐로 천안통天眼通과 천이통天耳通을 연구하고 있다. 법신이 육신을 떠나 독립적으로 존재할 수 있는가 하는 것도 역시 현대의 과학자들 앞에 나서고 있는 과제이다.

一個人有兩個身體 看見的身體叫做肉身 看不見的身體叫做法身(心靈)這兩身

是合而爲一的 因此 人們只見肉身而不見法身. 由於視之不見 人們便懷疑或否認法身的存在. 凡有道之士都知道 如果能使心靈無念 久之 法身便能如鳥脫出禁籠 爛開肉身 可以在外面蹓躂 自由自在的遨遊遊於宇宙間. 目前已有許多科學家 正在研究天眼通與天耳痛 法身離開肉身 可以獨立存在 也是現在科學家所研究的課題.

어째서 법신과 육신을 갈라놓을 수 없는가? 이것은 일반 사람들이 자각할 수 없는 것으로서 불교의 교학 체계에서 ≪업력業力≫관계라 불린다. 바꾸어 말해서 자신의 업력을 소멸할 수 있다면 ≪법신의 자유≫를 볼 수 있다.

法身和肉身 爲什麽無法址開 這是一般人所不能自覺到的佛學上稱之爲「業力」關係. 換言之 如果能把自身的業力消滅 便能看到「法身的自由」了.

업력이란 결코 망연하여 알 수 없는 것이 아니다. 우리가 눈을 감았을 때 신체내에 나타나는 여러 가지 현상을 볼 수 있지 않은가? 산도 있고, 물도 있고, 사람도 있고, 물질도 있고, 세상의 삼라만상의 영상이 끊임없이 교체되고 이전된다. 신체 내에 환각으로 나타나는 현상들이 바로 업력이다. 만일 그것을 소멸할 수 있다면 마음이 명경明鏡과 같이 맑아질 수 있을 것이다. 간단히 말하면 업력이 곧 마음의 병이다.

그러면 마음에 병이란 무엇인가? 간단히 말해서 바로 잡념들의 집합이다. 우리가 주위를 감기만 하면, 일분 동안 체내에 주위를 돌리기만 하면 그것이 있는 곳을 발견한 것처럼 그 마음의 병증이 거의 쉴 사이 없이 자언자어하고 중얼거리며 많은 망상이 떠오르며 이러한 현상이 영원히 지속될 것 같은 감을 느낀다.

業力並非茫然不可知的東西 當我們閉起眼睛時 不是也能看到身體內出現各種景像嗎? 有山有水 有人有物 世間的森羅萬象 映像在不停的交替移轉 這些身體內所幻現出來的景象 就是業力 如果能將它消滅 心便像明鏡台了. 簡單的說 業力就是心病. 心病又是什麽? 簡言之 就是雜念紛飛. 我們只要把眼睛閉上 只要注意身內一分鐘時間 就像發現它在什麽地方 這個心的病症 幾乎 無時無刻不在自言自語 喋喋不休 妄想紛飛 似乎永遠沒有完的.

이러한 심병(업력)을 효과적으로 치료하고 그것으로 하여금 더 자언자어하지 못하도록 하며 사념思念이 없게 하는 그것이 바로 선禪이다. 금강경은 선의 원리에 대하여 ≪마땅히 형상에 머물지 말고 마음을 낼 것이며 마땅히 소리와 냄새, 맛, 접촉과 어떤 법에 머물지 말고 마음을 내야 할지어다≫라고 설한다. 머물지 않고 나오는 마음眞心이 바로 심령의 무념이다.

能夠有效的治療這個心病(業力) 使它不再自言自語 無思無念的 就是禪. 禪的原理如金剛經所說：「不應主色生心不應注聲香味觸法生心 應無所住而生其心.」無住生心(眞心)就是心靈無念.

현대의 과학자들도 심령을 심전心電이라 하는데 이것은 아주 합리적인 명사이다. 전기에는 음양이 있고 마음에는 견상見相이 있는데 견분見分을 양전이라 하고 상분相分을 음전이라 하며 두 전電을 교류시키면 빛과 열을 낸다.

目前科學家也把心靈稱爲心電 頗爲合理 須知 電有陰陽之分 心有見相之別 把見分稱爲陽電 相分稱爲陰電 兩電交流 便可以發出光和熱.

집착執着이 너무 지나치면 마魔에 홀리기 쉽다容易入魔

고덕은 ≪도道의 높이가 한 자이면 마魔의 높이는 한 장이니라≫고 하였으며, 또한 ≪정녕 천일을 깨닫지 못하더라도 하루를 마魔에 홀려서는 안 된다≫라고도 말하였다. 각 종宗의 마에 대한 묘사는 많이 다르다. 천주교와 기독교는 세례를 받은 신도가 변심할 경우에 마귀가 그의 심령 속으로 들어갔다고 한다.

불교와 도교에서는 그 발광하는 수행자들을 통털어 마에 홀린 자들이라고 한다. ≪집착하면 곧 뒤바뀐다≫집착이란 어떤 것이며 어떤 것을 집착하지 않는 것이라고 할 수 있는가? 선정에 들어서 발견되는 좋은 경계이든 궂은 경계이든 상관하지 않는 것, 즉 이른바 ≪부처가 오면 부처를 죽이고 마가 오면 마를 죽인다≫는 그것이 바로 집착하지 않는 것이다.

古德說：「道高一尺 魔高一丈.」又說：「寧可千日不悟 不可一日着魔.」各宗對魔的描述 頗不一致 天主敎和基督敎對一個受洗的信徒 如果他變了心就說魔鬼已進入他的心靈. 佛敎和道敎 對那些發狂的修行者 統稱爲着了魔 就是「執則成顚」.什麼叫做「執」怎樣才算是不執呢? 就是在禪定中發現好或壞的境界 都子以不理不睬 所謂「佛來佛斬魔來魔斬」這才叫做「不執」.

이른바 경계란 ≪환각≫과 ≪착각≫이 만들어낸 것이다. 예를 들면 우리가 텔레비전을 볼 때 스크린에 큰 호랑이가 나타나도 아는 체할 필요도 없고 두려워할 필요도 없다. 왜냐하면 그것이 뛰어나와 물 수 없기 때문이다. 그리고 눈이 흐려 밧줄을 독사로 보고 조심하지 않아 그것을 밟았을 때 그것이 물 수 없는 것과 같다. 선경의 경지에서 환각과 착각도 이러한 것이다.

경계에 대하여 상관하지 않으면 아무 일도 없다. 다시 말하면 ≪집착≫하지 않아야 한다. 만일 그것을 진실로 여기고 그것에 집착하면 좋은 현상을 보았을 때에는 대단히 좋은 경계를 얻은 것으로 여기고 기뻐 날뛰며 나쁜 현상을 보았을 경우에는 마가 와서 귀찮게 할 것이라고 여기며 두려워한다. 그렇게 되면 곧 집착하며 뒤바뀌고 마에 걸려 경계의 갖은 교란은 다 받으면서 온종일 모든 것을 다 의심하며 이것이 지속되면 신경병에 걸린다.

所謂的境界 卽「幻」「錯」二覺所反暎出來的. 例如 我們看電視 熒光屛中有一隻大老虎 你根本不用去理會牠 懼怕牠因爲牠根本就不可能跳出來咬你. 又如 如果你眼花 一條麻繩 誤當毒蛇 你不愼踩着 牠也不可能會咬你一口 禪境中的幻覺與錯覺 亦復如是. 只要你不去理會它 就沒有事也就不會「執着」. 如果你信以爲眞 執着它 見好景像就沾沾自喜 以爲證到了什麼高超的境界 見壞景像就心生恐懼以爲魔要來找你的痲煩 那麼 就會執着成顚 入魔了 受盡其干擾 成日疑神疑鬼 久之不發神經病才怪哩!

어떤 사람은 자지 않는 것으로 생사와 격투하여도 되는가 하고 말한다. 안 된다. 사람은 자야 한다. 자는 것은 결여할 수 없는 정경휴식精經休息이다. 의학상에서는 수면을 무료 비타민이라고 한다. 신체가 피로하고 심력이 쇠약할 경우에는 한잠 푹 자는 것이 그 어떤 보약을 먹은 것보다 더 보신이 되고 편안하다. 수행자는 자기의 몸을 구박하지 말고 마음을 다스려야 한다. 의학계에서 일찍이 여러 번 시험을 해 보았는데 아주 튼튼한 개 몇 마리를 7주야 동안 자지 못하게 한 결과 모두 미치고 말았다.

수행인은 신체 건강에 주의를 돌려야 한다. 튼튼한 신체와 정력이 있어야 도업에 대한 수행을 견지할 수 있다. 만일 신체를 자의로 훼손시켜서 (苦行은 도에 맞지 않는다) 백병이 발작하고 어지럽고 눈앞이 캄캄하고 사지가 나른하다면 수행을 논할 여지도 없게된다.

有人說 用不睡覺來和生死搏斗可以嗎? 不可以的! 人應當睡覺 睡覺係精經休息 不可缺乏. 醫學上說 睡覺是免費的維他命 如果你身體疲勞 心力交瘁睡上一大覺 比吃什麽大補還要舒服受用. 修行是修心 不是要折磨自己的身體. 醫學界會作過幾次實驗 把幾條非常强壯的狗 使牠們七天七夜不睡覺 結果 都發了瘋! 修行人要注意身體健康 有了强壯的體魄 才能成就堅修的道業 如果身體肆意折磨(苦行不合中道) 槁到百病叢生 頭昏目暗 四肢乏力 還談什麽修行呢?

≪정토선≫법문의 내용에 대하여 이미 많이 말하였는 바 다음과 같이 총화한다. 말법 시대에 있어서는 유일하게 염불만이 만념을 통섭 하여

일념으로 되게 하고 마음에 혼란이 생기지 않게 하며 아미타불의 불력, 즉 타력본원他力本願에 의거하여 서방연지에 왕생한 다음 더 수행하여 부처로 되게 하는 편리한 법문이다.

만일 총명한 중생들이 일념으로부터 무념으로 전환한다면 일념이 소실되는 그 즉시 법신(不生不滅의 몸)이 나타날 것이며 따라서 문제없이 서방 정토에서 꽃이 피여 부처님을 만나 뵈올 것이다. 다시 말하면 시방불국토에서도 마음대로 왕생하며 자유로이 돌아다닐 수 있을 것이다.

對「淨土禪」法門的內容 這裡已說了很多 總結是：末法時代 唯有念佛 方便法門 把萬念統攝成一念 一心不亂 他力本願 仰杖阿彌陀佛之力 往生西方蓮池 再修成佛. 如果是利根的衆生 就攝一念 轉化爲無念 當一念頓消時 法身(不生不滅之體)就會顯現出來 屆時西方淨土花開見佛不在話下 就是十方佛國土 也能任意往生 逍遙自在了.

제4장

인간 정토를 실현하는 원리

인간 정토를 실현하는 원리

實現人間淨土的原理

부처님께서는 ≪모든 것은 다만 마음에 의하여 창조되느니라≫고 말씀하셨다.

그리고 부처님께서 도를 이루셨을 때 ≪이상하도다! 이상하도다! 대지중생 모두가 다 여래의 지혜와 복덕을 가지고 있거늘 망상에 사로잡힌 탓으로 그것을 증득하지 못하는구나. 망상을 없애기만 한다면 복이 스스로 오고 스승이 없어도 지혜를 얻을 수 있고 능력을 자유로이 운용할 수 있을지니라≫라고 말씀하셨다.

그렇다고 보면 기실 모든 것은 다만 마음에 의하여 창조되는 것이다.

佛說：「一切唯心造」. 又 佛成道時說：「奇才! 奇才! 大地衆生 皆具有如來智慧福德 只因妄想纏着不能證着 若滅妄想 自來福 舞師智 各種大能 任運自如.」這樣看來 實是一切唯心造了.

이 마음은 우리의 체내에 있다. 내가 말하는 정토선은 바로 사람들에게 어떻게 자신의 마음(진신)을 찾을 것인가를 가르쳐 주는 것이다. 이 마음은 법신의 소재이다.

우리들의 정신이 오랜 세월에 걸쳐(累劫以來) 육진六塵에 물들었기 때문에 우리들의 육신 안에서 그 마음을 지각해 내지 못한다. 만약에 신각(신성각)을 얻었다면 곧 그것을 파낼 수 있을 것이다.(≪정토선 정의≫를 참조)

這個心 是在我們的身體內 我說淨土禪 就是教人如何找回自己的心(眞心). 這個心 是法身所在 因累劫以來 受六塵侵佔 在我們的肉身內 覺不出來 如果得了身覺(身性覺)就會挖得出來(請參看『淨土禪精義』一文.)

이른바 ≪신각≫은 세 가지 종류로 나뉠 수 있다. 즉 ①신물각 ②신신각 ③신성각이다. 과학자들이 이용하고 있는 각(認知)은 바로 제1종의 신물각인데 그것은 물질의 발전 법칙을 연구하는 것이다. 이것은 지구를 인간정토로 전변시키는 기초 학문이라고 할 수 있다. 먼저 신물각에 대하여 말하려 한다.

所謂「身覺」可分爲三種 卽(一)身物覺 (二)身神覺 (三)身性覺.
科學家所用的覺(認知) 就是第一種身物覺 硏究物質發展的規律 這可說是將地球轉變成人間淨土的一種基礎學間. 先談身物覺

과학은 인간 정토를 발전시키는 기초학문이다科學是發展人間 淨土的基礎學問

과학자 아인슈타인은 그의 저서 ≪상대론≫에서 ≪3분의 1 그램의 물질이 전부 다 에너지로 변할 때 1000톤의 물을 수증기로 되게 할 수 있고 1 그램의 물질이 에너지로 변하면 100만톤의 무거운 물질을 바다 밑바닥으로부터 알프스산의 봉우리로 떠올릴 수 있다≫고 말하였다.

아인슈타인의 논법에 따르면 ≪에너지≫를 충분히 운용하면 지구를 개조하고 천지만물을 개변시키는데 있어서 무궁무진한 창조력을 발휘할 수 있다.

흥미를 끄는 것은 과거 소설가의 붓에 의하여 묘사된 신화적 사건의 많은 것들이 지금에 와서 과학자들의 발명 창조에 의하여 사실로 밝혀지고 있다는 것이다.

예를 들면 다음과 같은 것들이다.

科學家愛因斯坦在其鉅著『相對論』中這樣說：「如三分之一克的物質消滅全化爲能量時 可把千噸的水 化爲蒸汽一克物質所變的能 可以把一百萬噸的

重物 從海的平面 提到埃佛勒斯峰上.」照愛氏的說法 若能充份的運用「能」要改造地球 改變天地萬物 創造力可說是無窮無盡的. 有趣的是 過去小說家筆下所描述的神話事物 多被現在的科學家發明創造成爲事實.
例如：

구름과 안개를 타고 다닌다는 말이 있는데 고대에는 신선이나 새들만이 그러한 재능을 가지고 있었고 보통 사람은 할 수 없는 일이었던 것이다. 지금에 와서는 과학자들이 비행기를 발명하였기 때문에 금방 태어난 어린아이도 하늘 높이 날 수 있고 사람들이 이 나라에서 저 나라로 힘 안들이고 날아 갈 수 있다.

바람과 비를 불러온다는 말이 있는데 오늘날 과학자들은 인조우人造雨를 발명하였다. 그들은 보강답두步罡踏斗하고 피발장검하고 염주하지 않아도 맑고 푸른 공중에서 비를 내리도록 한다.

산을 옮겨 바다를 메운다는 말이 있는데 신화소설에서는 정봉신통頂峰神通을 묘사하였다. 지금에 와서는 보통 사람들이 기계로 큰 산을 옮긴다. 이를테면 홍콩과 싱가폴 정부에서 산을 옮겨 바다를 메우고 그 위에다 도로와 고층 건물을 건축한 것과 같은 것이다.

騰雲駕霧 古代的神仙或鳥類才有這種本領 凡夫是做不到的. 現在科學家發明了飛機 連初生的嬰兒 也能一飛沖天從一個國家 飛入另一個國家毫不費力. 呼風喚雨 時至今日 科學家己懂得了 人造雨 他們用不着步罡踏斗 披髮仗劍念咒使晴朗的碧空降下甘霖. 移山倒海 是神話小說中描述的頂峰神通 現在凡夫俗子 用機械也使大山搬家 如香港和新加坡政府 移山塡海 使海洋變成陸地 興建馬路 建成高樓.

천리 밖에 소리를 전한다는 말이 있는데 지금은 전화와 무선 전화가 있어서 누구나 다 천리 밖의 말을 잘 들을 수 있게 되었다,

천리안千里眼이라는 말이 있는데 지금에 와서는 망원경을 사용하고 있다. 망원경으로 어찌 천리만 내다보겠는가! 지구 밖의 별들까지도 똑똑히 볼 수 있다.

원격 투시라는 말이 있는데 지금은 텔레비전과 팩스로 천리 밖의 경상을 직접 똑똑히 방송할 수 있다. 이와 같은 실례는 이루 다 헤아릴 수 없이 많다. 요컨대 인류가 생각해온 것들이 과학자들에 의하여 점차 현실로 변하고 있다. 이것이 바로 ≪마음이 나면, 여러 가지 법을 낳는다≫는 것이다.

아인슈타인의 이론적 견지에서 보면 지구상의 분뇨와 깨진 기와조각을 포함하는 모든 물건이 다 값비싼 보물이다. 그렇다면 어째서 과학자들이 이 ≪만물을 다 보배로 되게 하는≫이상을 실현하지 못하는가?

그 주요한 원인은 과학자들의 인지認知능력이 ≪신물각≫의 범주에 머물러 있고 초고지능超高智能의 ≪신성각≫에 도달하지 못한데 있다.

千里傳音 現在的電話 無선電 可令凡夫耳聞千里之外的聲音 一如順風耳. 千里眼 現在的望遠鏡 視程何只千里 連地球以外的星球也能看得一淸二楚. 遠隔透視 現在的電視傳眞 可以直播千里之外的景像 歷歷在目. 等等 不勝校擧. 總之 人類的意念所及 科學家逐步的將它現實了. 卽所謂的「心生種種法

生」是也. 據愛因斯坦的理論 地球上的每一件東西 包括糞土瓦礫 都價值連城的寶物 那麼 科學家又爲什麼不能將這個 「萬物皆寶」 的理想實現出來呢?

主要的原因 是因爲科學家的認知能力 只停留在「身物覺」的範疇 缺少了超高智能的「身性覺」.

신성각身性覺은 우주 대지대능宇宙大知大能의 총기관總機關이다

어떻게 ≪신성각≫을 취득할 것인가? ≪유마경≫은 단도직입적인 방법을 알려 주었다. 그것은 다름 아니라 심령이 청정하도록 하면 필요한 지능이 생기고 달성하려는 염원을 실현할 수 있다는 것이다. 넓은 범위에서 말하면 중생의 심령을 점차적으로 정화淨化하기만 하면 결함으로 충만된 지구를 인간정토로 개변시킬 수 있다.

如何獲得「身性覺」呢? 『維摩經』中 告訴你一種直截了當的方法 那就是只要你把 自己的心靈淸淨了 便能產生你所需要的知能 實現所要達成的願望. 廣而推之 只要衆生的心靈能夠逐漸的淨化 就能把滿身缺陷的地球 化爲人間淨土.

≪유마경≫은 ≪마음이 깨끗하여야 국토도 깨끗하다≫고 말하였다.

이 말은 피상적으로 보면 아주 허현虛玄하고 이해하기 어려운 것 같지만 사실은 만고에 뒤엎을 수 없는 진리이다. 뒤떨어진 우리의 물질 지구를 더 없는 인간정토로 전환시키는 문제는 이 근본적인 ≪마음이 깨끗하여야 국토도 깨끗하다≫는 원리로부터 착수하여 자신의 ≪신성각≫을 개발해 내야만 철저히 해결될 수 있다. 이 일련의 이론과 우주 총 기관을 열고 그 속의 비밀을 해결하려고 시도하는 현대 과학자들의 구상은 신통하게 일치되는 것이다. 이것은 그야말로 사람들의 흥미를 끄는 일이다.

『惟摩經』說：「唯其心淨　則國土淨」. 這句話　表面上看來　似平很虛玄難以理解 但却是一個萬古顚撲不破的眞理. 要把我們這個落後的物質地球 轉化爲殊勝的人間淨土　就在從這個根本-「唯其心淨　則國土淨」-的原理着手開發出本身的「身性覺」才能徹底解決. 這套蓑理論 與現在的大科學家群 企圖打開宇宙的總機關 渴開其中奧祕的構想 不謀而合 是很有趣的.

과학자들은 우주의 비밀이 한량없다는 것을 누구보다도 더 잘 알고 있다. 바다 근처에 있는 사람만이 위대한 바다와 물이 하늘과 접해있는 것을 볼 수 있다. 과학자들은 높이 서서 멀리 내다보기 때문에 인류의 앞으로 다가오는 여러 가지 재난이 이미 눈앞에 닥쳐 왔다는 것을 알고 있다.

그와 동시에 과학 지식의 진화만으로 문제를 철저히 해결할 수 없다는 것도 깊이 알고 있다. 왜냐하면 인류의 기존의 지능 ≪신물각≫만 가지고는 표면만 다스릴 뿐 근본을 다스릴 수 없기 때문이다.

그러므로 제일 근본적인 방법은 우주의 총 기관을 열고 만유의 지능(대지대능)을 취득하는데 있다. 그래야만이 모든 문제가 근본적으로 술술 풀릴 수 있다.

宇宙的奧祕 無量無邊 這一點 科學家比誰都更淸楚 也只有近海的人 才見得到海洋的偉大 水天連接. 科學家們高膽遠矚 洞悉到人類所面臨的種種災難己逼在眉睫. 同時也深和科學知識的進化 是無法澈底的解決問題 因爲只靠人類現有的知能-「身物覺」-只能治標 而不能治本. 因此最釜底抽薪的辨法只有把宇宙的總機關打開 得到萬有的知能(大知大能)方可從根本上迎刃而解.

인류에 대한 과학자들의 기여는 부인할 수 없

는 사실이지만 과학자들의 발명한 성과가 다 인류에 대하여 좋은 것은 아니다. 인류에 대하여 유익한 것도 있고 불리한 것도 있다. 이 점은 역사적으로 이미 많은 사실에 의하여 실증되었다. 이를테면 핵에너지의 발명은 위대한 창조이다.

핵에너지를 이용하는 공장에는 석유 한 방울, 석탄 한 덩어리도 쓰지 않고 수많은 기계를 주야로 그침 없이 돌아가게 하여 사람들의 행복을 창조한다. 그러나 해로운 점이라면 40여 년 전에 히로시마와 나가사끼에서 원자탄의 재난으로 수십만 생명이 동시에 전멸된 것 같은 것이다.

任何人都不能否認科學家對人類所做出的貢獻　但科學家發明所帶來的成果對人類來說　也不是完全好的　有利也有弊. 這一點　歷史上己有很多事證可以證明. 如核能的發現　是一個很偉大的創擧　核能工廠　不花一適石油　一粒煤炭使成千上萬的巨輪　日夜轉個不停　造福人群. 但害的方面四十餘年前　廣島和長崎的原子浩劫　使數十萬生靈一旦同歸於盡

핵에너지 전문가들은 핵폭탄을 제조해 내는 지혜는 가지고 있지만 그 거대한 파괴력을 저지시키는 재간을 소유하지 못하고 있다. 다시 말하면 ≪방출할 줄만 알고 회수할 줄은 모른다≫일단 핵전쟁이 폭발한다면 수천만 생명이 도탄에 빠지게 되며 핵 전문가 자신도 그 재난을 벗어나기 어려울 것이다.

그러므로 첨단 과학자들은 연구의 목표와 범주면에서 우주 비밀의 총 기관을 대상으로 내세우고 대지 대능을 취득하여 인류의 행복을 창조하는 방향으로 나아가고 있다.

核能專家有製造出核子彈的智慧 但却沒有阻止這種巨大 破壞力的本事 卽所謂的「能放而不能收」一旦核戰爆發千千萬萬的生靈塗炭 連他們自己 也難以倖免. 所以頂峰的科學家們 將研究的指標與範疇 朝向宇宙奧祕的總機關 以期獲得大智大能 造福人群.

핵 재난과 인구압력 核子災難與人口壓力

현 시기 지구가 받고 있는 가장 큰 위협은 핵 재난과 인구증가이다.

핵 재난이 폭발하기만 하면 며칠 사이에 인류가 전멸될 것이다. 처음으로 원자탄 폭발시험에서 성공한 그 당시 영국 수상 처칠은 ≪세계의 말일이 닥쳐왔구나!≫라고 탄식하였다.

처칠의 견해가 너무 비관적이라고 여기면서 그래 만물지령인 인류가 뻔히 보기만 하고 앉아서 죽기만 기다리겠는가? 라고 말할 사람도 있을는지 모른다.

地球當前最受威脅的是核子災難與人口壓力. 核子災難一旦爆發 數日之間 人類便會同歸於盡. 當第一顆原子彈試炸成功時 當時的英國首相邱吉爾爵士喟然嘆道：「世界末日到了!」也許大家認爲 邱吉爾的觀點過於悲觀 難道萬物之靈的人類會眼巴巴的坐以待斃嗎?

지금 미국과 소련 두 초강대국이 장기적으로

≪ 군비축소담판≫을 진행하고 있고 미국측에서는 돌발적 사변에 대처하기 위하여 수백 억 달러를 투자하여 ≪성전계획≫을 작성하고 있다. 이러한 상황은 처칠의 걱정이 결코 마당 터진데 솔뿌리를 걱정하는 것이 아니라는 것을 실증해 주고 있다.

국제 정세의 변화가 심하고 더구나 원자폭탄과 핵자폭탄을 제조하는 기술이 절대비밀의 울타리를 이미 벗어났다. 장래에 가서는 소수 강국들만 핵무기를 가지고 있는 것이 아니라 제 3세계 국가들도 틀림없이 파괴력이 거대한 이런 무기들을 소유하게 된다.

現在美蘇兩大超級强國擧行長期的「裁軍談判」美國方面花了數以百億的美金 製訂「星戰計劃」以應突變 這證明邱吉爾的澹心並非杞人憂天. 國際風雲變化某側 更何況如今原子核子彈的製造法 己非絶對秘密. 核子武器 將來不可能只限於小數强國所有 不久的將來 第三世界國家 也將會擁有這種破壞力巨大的武器 不在話下.

미국 인구학회가 공표한 숫자에 근거하면 현재

전 세계의 인구가 약 55억이고 최근 12년 동안에 증가한 인구가 10억에 달한다. 이것은 그야말로 놀라운 숫자이다. 현재 세계 인구의 증가추세는 10년 후에 세계 인구가 65억을 초과할 가능성을 보여주고 있다.

인구가 늘어나고 식량이 결핍되면 사회안정에 영향이 미치게 되며 나아가 국제적 질서에 영향을 주게된다.

人口壓力 目前全世界的人口數字 據美國人口學會的公佈近55億 最近12年來人口的增加達10億 這是一個驚人的數字 按照目前世界人口的發展趨勢來看再過10年 全世界的人口 可能達65億之多. 人口增加糧食短缺 小則影響社會治安 大則影響國際安寧.

인류의 모든 사람은 다 앞에서 말한 위협과 압력을 타개할 책임을 가지고 있다. 모든 것은 다만 마음에 의하여 창조된다. 지금 과학자들도 우리들에게 총체적으로 보면 우주 전체가 하나의 ≪지대한 심령≫에 불과하다고 말하고 있다.

그러므로 우리 모두 이 우주 비밀의 총 기관을 조절할 능력을 가지고 있다. 바꾸어 말해서 우리가 심령을 정화하고 자동적으로 심량心量을 한량없이 확대하고 심령을 우주 전체와 융합되게 하기만 하면 우주만유의 대지대능과 힘을 이용하여 하고 싶은 대로 할 수 있을 것이다.

這兩個威脅和壓力 凡是人類都有責任去解開它. 一切唯心造 現在科學家也告訴我們 整個宇宙 總而言之 只是一個「極大的心靈」那我們都有打開這個宇宙奧秘總機關的條件 那就是 只要把我們的心靈 子以淨化 使心量自動擴大至無量無邊 和整個宇宙 合而爲一 吻合無間 那時候 你便擁有宇宙萬有的大智大能和力量 隨心所欲了.

≪진심眞心≫이 나타내는 8종의 지혜와 창조

우주 비밀의 총 기관(眞心)이 발견되었기 때문에 ≪진심≫으로부터 대지대능이 나타날 것이며 장래에 가서는 다음과 같은 8종의 지혜와 창조가 나타나 직면한 위기로부터 인류를 구원 할 것이다.

由於宇宙秘密總機關(眞心)的發現 從「眞心」所顯現出來的大智大能 將來會出現以下八種智慧創造 以挽人類所面臨的危機於 旣倒

①과학자들은 ≪피능침避能針≫(피뢰침과 같은 것)과 ≪피능탑≫을 발명해 낼 것이다. 그 공효功效는 원자에너지를 섭취하여 핵폭탄이 폭발하지 못하게 하고, 성구星球를 창조하여 핵에너지를 흡수하게 하며, 세계상에서 핵과 원자를 생산에만 이용하게 하며 인민에게 해를 주는 모든 활동을 못하도록 통제할 것이다. 목전에 수류와 전류를 통제하는 설비가 연속 나타나고 있다.

앞으로 핵에너지의 파괴력을 흡수하는 계기도 속출되어 핵폭탄, 중성자탄의 분열에서 나오는 복사선을 모조리 흡수할 것이다.

내가 근거없이 허튼 소리를 하고 있다고 생각할 사람도 있을 것이다. 그러나 지금 과학자들은 확실히 이 학문을 연구하고 있다. 심령의 무병법신을 증오證俉하기만 하면 그러한 계기가 조속히 나타날 것이다. 우리 수행자들이 재빨리 심병을 치료하여 심령이 무념하면 대지대능이 나타나고 자연히 그러한 제능制能계기를 가지게 될 것이다.

(一)　科學家會發明出「避能針」(如避雷針一樣的同西)與「避能塔」它的功效 在於攝取原子能 使核子彈不會爆發創造星球吸取核子能力 只能使世界上的核子 原子利用在生產方面 管制它不做出任何破壞人民的活動. 目前控制水流和電流的說備紛紛出現 吸收核能破壞力的儀器 也將因運而生 它能使核彈中子彈分裂後的輻射線 統統吸收無遺 你們一定認爲我在空口說百話 但目前科學家的確正在硏究這門學問 只要能證俉到心靈的無病法身 這種儀器早就應該出現了. 盼我們修行人 趕快把心病治好 心靈無念 大智大能現出 自然就會有這樣的制能儀器.

②버뮤다 해역과 일본의 마귀해의 비밀현상이

점점 빈번하여 많은 비행기와 선박이 이 해역을 지나갈 때 갑자기 실종될 가능성이 있다. 이것은 무슨 원인에 의하여 초래된 것인지 아는가? 본래 미혼진迷魂陣과학이라는 것이 있다.

앞으로 장래에 태공으로부터 온 비행물체, 즉 비행접시, 비행기, 비행탄 로켓트, 인공위성등이 지구에 온 목적이 나쁜 것들은 미혼진에 흡수될 것이다. 비록 과학자의 연구에 의하여 발명되기는 하지만 어디까지나 우주의 총 기관(직접진심)이 탄생시킨 것과 갈라놓을 수 없다.

(二) 百慕達海域和日本的魔鬼海 那個地方的秘密現象 日見頻繁 許多飛機和輪船 經過該處海域時 都可能會在那裡突然消失的無影無踪 你知道那是什麽原因所導至的嗎? 原來有一種迷魂陣科學 將來自太空的飛行物體 如飛喋飛機 飛彈 火箭 人造衛星…… 其來意不善者 將被吸入迷魂陣. 不久的將來 到處都有. 雖然是科學家的研究所發現 但是總離不了宇宙的總機關(直接眞心)所産生出來的.

③한 걸음 더 나아가 말하면 깨끗한 흙과 모래로 과자와 빵을 만들 수 있다. 이것은 결코 신화

가 아니다. 과학자는 우리들에게 황사의 기본 입자와 빵의 기본입자는 본질적으로 다른 점이 없다고 말하고 있다. 30여 년 전에 대만의 과학자는 사람으로 하여금 구역질나게 하는 쓰레기로 과자를 만들어 시장에 내다 팔 계획을 가지고 있었다.

이것은 공업비밀에 속하는 것인바 아마도 원가가 너무 높아서 생산을 중지시켰는지 모른다. 장래에 과학자가 또 다시 깊이 연구하고 개량하여 쓰레기를 고급식품으로 제조해 낼 가능성이 크다.

장래에 틀림없이 심령에 무념한 사람과 과학자가 우주의 총 기관(진심)으로부터 이 방면의 창조지혜를 얻어낼 것이다.

(三)進一步 乾淨土和沙子可以製成餅干和麵包 這並非神話. 科學家告訴我們黃沙的基本粒子與麵包的基本粒子本質上並無下同. 30餘年前 台灣的科學家就計劃將令人作嘔的拉扱 製成餅干 銷入市長 這是屬於工業秘密 也許由於成本偏高 只好暫停生產. 將來科學家會再做深入研究與改良 拉扱便很有可能會被製成高汲食品. 將來一定會有心靈無念之人與科學家 從宇宙的總機關(眞心)中得到這方面的創造智慧.

④멀지 않은 장래에 과학자는 수원水原문제를 철저히 해결할 것이다. 그러면 고원에서 오랜 가뭄을 두려워하지 않고 수원이 고갈되지 않고 사막에 냇물이 흐르고 바다에 담수가 있을 것이다. 중국에서 서북지방이라 할 수 있는 신강성은 많은 지방이 사막이어서 물이 결핍하고 큰 바람이 불면 날리는 모래에 의하여 많은 촌락이 매몰되며 수목, 농토가 매몰된다.

그러므로 이러한 상태를 개변하지 않으면 안된다. 지금 많은 과학자들이 연구에 몰두하고 있는바 월구에서 기적을 창조하여 물이 모자라는 난제를 해결하려 한다.

그들은 월구의 토양을 분석하였는데 석砂이 80%를 차지하고 칼슘이 20%를 차지하며 그 외에 적은 량의 티타늄과 철이 포함되어 있다. 석과 칼슘을 화씨 800도까지 가열하면 산소분자가 유리된다. 산소와 수소가 화합하여 물이 되므로 산소만 있으면 물 걱정은 하지 않아도 된다.

만일 월구에서 동정호와 아마존강을 제조해낼 수 있다면 고비 사막, 한해와 사하라 사막에서 대량의 바얀카라산 남북기슭의 수원을 제조해낼 수 있다. 이것은 틀림없이 성공할 것이다.

(四) 不久的將來 科學家將能撤底解決水源問題 高原不怕久旱 水源不絶 沙漠有溪水 海上有淡水. 在中國的新疆省 也可說是西北 故必須要改變這種境遇目前有許多科學家 正在埋首研究 要在月球上創造奇跡 解決缺水的死結 他們分析出 月球上的土壤 有百分之八十是矽百分之二十是鈣 還有小數量的鈦和鐵. 把矽和鈣加熱至華氏800度 便可以把月土中的氧分子遊難出來 有了氧氣再加上氣 就不怕沒有水流 如果月球上旣可製造出洞庭湖和亞馬遜河 戈壁 瀚海和撤合拉沙漠可製造出大量的巴顔喀啦山南北麓的大水源 肯定會成功的.

⑤지금 ≪우주방사능≫이라는 것이 있는데 그것은 지구상의 사막지대를 며칠 사이에 어디에나 과수를 심고 강과 저수지를 파고 고층건물을 지을 수 있는 비옥한 땅으로 만들며 따라서 인연이 없는 사막을 인간 낙원으로 건설할 수 있다. 모래와 돌은 다 흙이 응결되어 형성된 것이기 때문에

모래를 환원시키면 흙의 본래 면모가 회복된다.

우주방사능은 지금의 첨단과학자 마크쓰찬과 루쏘프드 등이 X광을 발견한 뒤를 이어 발견한 것이다. 그것은 A물건을 B물건으로 변화시키고 갑 동물을 을 동물로 변화시킬 수 있다고 한다.

그것은 우주에서 유령처럼 존재하는데 아직까지 그것을 이용할 수 있는 계기가 존재하지 않는다. 심령에 무념한 사람만이 이 사실의 진상을 파악하고 보고 실천할 수 있다는 것을 알아야 한다.

(五) 現在有「宇宙放射能」能將地球上的沙漠地帶 數日之問 化爲沃土 可遍植果樹 開鑿河池 建築高樓…… 把香無人烟的沙漠 開闢成人間樂園. 因爲沙子和石頭 都是泥土疑結而成的 把沙子還原 恢復泥土的本來面目. 宇宙放射能 是現在頂峰的科學家如馬克絲闌和羅素福得等人 繼X光之後所發現的. 據說他能夠把甲東西變化爲乙東西 甲動物變成乙動物. 它在宇宙間像幽靈一樣 現在還沒有任何儀器能夠利用到它. 要知道這個事實眞相 除非是心靈無念的人 才能掌握到 着到和做到.

⑥바닷물이 석유, 과즙, 우유로 변할 수 있다. 전설에 의하면 뚜캉주는 쌀을 발효시켜 만든 술

이다. 후세에 와서는 술 원료에 밀, 수수, 사탕, 고구마, 콩, 과실이 들어갔다. 그리하여 술의 양조방법이 다종다양해졌다. 바닷물로 석유를 제조할 수 있다.

석유는 수소와 탄소의 화합물이므로 석유가 공기 속에서 연소한 다음 수화하여 수탄으로 되고 이산화탄으로 된다. $E=MC^2$ 의 과학적 원리에 근거하여 물에 이산화탄을 넣고 적당한 기술적 처리를 하면 어렵지 않게 ≪본래의 면모≫를 회복하여 고급 석유로 된다.

(六) 海水能變成石油 果汁 牛乳. 據傳杜康造酒 是從米醱酵釀出來的. 後人造酒 原料有麥子 高粱 糖 紅薯 豆子 水菓 使酒的釀法更多彩多姿. 將海水製造成石油 因石油是氫碳的化合物 當石油在空氣中燃燒後 氫化爲水碳成二氧化碳 根據科學 $E=MC^2$的原理 水加二氧化碳 再有適當 的技術 不難恢復「本來面目」成爲高級石油.

⑦물로 황금과 철강을 제조할 수 있다. 독일의 과학자는 일찍이 바닷물로 황금을 제조하는 실험을 여러 번 진행하였다.

전지구 해양의 해수가 도합 3억 입방마일인데 200톤의 우라늄, 150톤의 철, 5억톤의 은, 1000만톤의 금, 55억톤의 소금이 포함되어 있고 순수한 물이 96.5%를 차지한다.

최근 미국 듀퐁사의 발표에 따르면 1입방마일의 해수 중에 저장된 각종 화학 물질이 1억 7천 5백여만톤에 달한다.

만일 우리가 그 화학 물질을 제련해 낼 수 있다면 그 가치가 50억 달러에 달한다. 해수로 금을 제조하는 것은 사실로 될 수 있지만 우주의 총 기관을 조종할 사람 (무념자)이 아직 없다. 그러므로 아직 푸른 해수로 노란 금박을 제조해 낼 수 없다.

(七)水能製成黃金和鋼鐵. 德國的科學家在海水早巳作過多次實驗 以海水製金. 全球海洋的海水共三億立方哩 含鈾二百噸 鋼一五〇億噸 銀五億吨 金一千萬吨 鹽五十五億吨純水佔百份之九十六點 據最近美國杜邦公司宣布 在每一立方英里的海水中 竟貯藏着各種化學物質 達一億七千五百萬吨之多. 如果我們能把它提煉出來 可達美金五十億之鉅. 海水製成金 可以成爲事實 但缺少了能操縱着宇宙的總機關之人(無念者) 故暫時還不能把深鹽色的海水製造成黃色的金磚

⑧사람마다 젊고 아름다운 청춘을 항상 보존하도록 한다. 한 여인에게 몇 장의 사진이 있는데 한 장은 16살 때 찍은 아주 예쁜 모습이고 마지막 한 장은 80살 때 찍은 백발에 쭈글쭈글한 얼굴이어서 더없이 보기 흉측하였다. 이 두 장의 사진에서는 한 사람이라는 것을 믿기 어려웠다. 옛날에는 선련단을 구하였지만 지금은 청춘약을 발명하였는바, 그것은 늙음을 막는데 일정한 효과가 있다.

그러나 과학자가 발명한 청춘약이 아무리 좋다고 하여도 사람의 수명을 천년, 만년으로 연장할 수 없고 항상 청춘을 보전하여 늙지 않게 할 수 없다. 다만 기계인을 만들어 인간의 영혼을 기계안에 넣어야 닮지 않고 8만 4천 살을 먹을 수 있고 시종 청춘의 아름다움을 보전할 수 있다.

법화경에 ≪사람과 하늘이 교접하니 두 곳에서 서로 보며 악한 자도 여자도 없으니 중생이 다 화생하여 음욕이 없고 대신통을 얻어 밝은 빛이 나오고 자유로이 날아다니더라≫라고 말하였다.

(八) 使人人年輕美貌 青春常駐. 有一個女人 有幾張照片一張是十六歲時拍的 十分美麗 最後一張是八十歲時所拍的 髮百面皺 奇醜無比. 從她前後的照片看來 眞不敢相信是同一個人. 古時求仙練丹 現在發明有青春藥 對控制衰老 有一定的功效. 但科學家所發明的青春藥縱使更高超 也不能將人的壽命延長至千年 萬年 同時能保持長春不老 唯有製造出機器人 將我人的靈魂置入機器人內 才能耐久 圪八萬四千歲 歲歲青春美貌不變. 法華經說：「人天交接 兩的相見 無諸惡道 亦無女人 一切衆生 皆以化生 無有淫慾 得大神通 身出光明 飛行自在.」

감각우주와 지각우주感覺宇宙與知覺宇宙

우주 만물은 시간이 흐름에 따라 끊임없이 변화하고 있지만 그 만물은 절대적으로 항상恒常적인 본체本體를 가지고 있다. 본체수연本體隨緣은 변하지 아니하고 수연을 변화시키지 아니한다. 본체가 수연할 때 금, 목, 수, 화, 토, 등 삼라만상이 생기는 바 그러한 것들은 의연히 시시각각 끊임없이 변화하고 있다.

그러나 본체만은 시종일관 영원히 변화하지 않는다. 만약에 사람의 심령이 변함없는 본체 속에 들어간다면 우주의 총 기관을 조종할 수 있고 우주의 모든 비밀을 자기 손금을 보듯이 알아낼 수 있으며 일 처리에 장애가 없으며 매사가 막힘없이 잘 풀릴 것이다.

宇宙萬有 隨着時間不斷地變化 但它却有一個絶對的但常之本體. 本體隨緣不變 不變隨緣. 當本體隨緣時 便産生金木水火土 萬象森羅 它們仍時刻地不斷變化 但本體自始至終永恒不變. 假如我人的心靈 能進入這個不動的本體便能夠操縱宇宙的總機關 對宇宙的一切奧秘 便能瞭如指掌 可從理事無礙 做到事事無礙.

과학자의 발견에 의하면 우주 방사능은 갑 동물을 을 동물로 되게 하고, 을 동물을 갑 동물로 변하게 하기도 하며 늙은이를 어린아이로 변화시킬 수도 있다고 한다. 과학자는 물질우주를 현실우주, 상대우주, 감각우주라고 부르기도 한다.

그러나 비 물질우주는 진여우주, 절대우주라고 한다. 앞에서 말한 우주 방사능은 비록 ≪신통이 광대하다≫고 하지만 다만 감각우주와 지각우주 사이에 머물러 있을 따름이다. 그것은 현대 과학자의 지능이 아직 감각우주에 머물러 있고 지각우주에 들어가지 못하였기 때문이다.

무엇 때문인가? 과학자들이 아직 만물을 창조하는 재능을 소유하지 못하였기 때문이다. 그러므로 마음속에 하고 싶은 것은 많으나 힘이 모자라는 사실이 많고도 많다.

宇宙放射能 科學家發現到 如放甲動物能成乙動物 乙動物能變甲動物 也可以將老人變成小核. 物質宇宙 科學家也稱之爲現實宇宙 上對宇宙 感覺宇宙. 而物質宇宙 卽眞如宇宙 絶對宇宙. 上述的宇宙放射能 雖然 「神通廣大」但

只能介於感覺宇宙與知覺宇宙之間的東西 因爲現在科學家的知能 尙停留在感覺宇宙的領域 未能進入知覺宇宙的範疇. 爲什麽呢? 因爲他們還沒有創造萬物的本事 心有餘而力不足的事實在太多太多了.

우주란 하나의 지대한 심령이다宇宙是一個極大的心靈

우주란 하나의 지대한 심령이다. 일부 앞서 지각한 과학자들은 이미 이 점을 발견한 듯 싶다.

이 《대심령》은 물론 삼라만상의 물질우주를 포괄하고 있다. 예를 들면 곤륜산이나 태평양 같은 것이다. 우리가 보건대 그 존재를 부정할 그 어떤 이유도 찾아낼 수 없다.

그러나 그와 같은 것들은 헤아릴 수 없는 물질원자로 구성되었고, 매개의 원자단위는 또 전자현미경으로 보아도 보이지 않는 《역능力能》으로 응집되어 있다. 《역능》은 심령에 속하는 것이다. 왜냐하면 심령이란 《지능》과 《역능》이 혼합되어 이루어진 《능》이기 때문이다. 그러므로 일부 앞서 지각한 과학자들은 하나의 지대한 심령, 즉 대령大靈이 우주를 조종하고 있을 가능성이 매우 크다고 생각하는데 그 견해는 더없이 정확한 것이다. 불학은 ≪여래처럼 마음이 물질을 전환시킬 수 있다≫고 말한다. 심령(진심)은 우주 만물의 총 기관이므로 마음이 물질을 전환시킬 수 있다.

宇宙是一個極大的心靈 某些先知先覺的科學家 似乎巳發現到這一點 這個「大心靈」當然包括森羅萬象的物質宇宙. 例如 崑崙山 或太平洋 在我們看來 找不出任何理由否定它們的存在. 但是 它們是數不盡的物質原子所刑成而每一個原子單位 又是連電子顯微鏡也無法看到它的 力能凝聚.「力能」是屬於心靈的東西 因爲心靈是 「知能」與「力能」所混合的「能」.所以一些先知先覺的科學家認爲宇宙很可能是一個極大的心靈-大靈-再操縱着 非常正確 佛學說：「心能轉物 卽同如來」心靈(眞心)便是宇宙萬物的總機關 所以心能轉物.

우리의 심령(진심)과 우주의 지대한 심령은 본질상 차별이 없는 것이다. 보통 사람의 마음은 두꺼운 업장에 갇혀 있기 때문에 질이 변하여 대령과 서로 소통할 수 없다. 그러나 우리가 자신의 마음을 깨끗이 정화하고 심량을 포섭하고 사바세계(沙界)를 용납할 수 있도록 늘리고 우주의 대심령과 빈틈없는 융합을 이룩한다면 우리들도 ≪여래처럼 마음으로 물질을 전환시키는≫경지에 도달할 수 있다.

我人的心靈(眞心) 與宇宙的極大心靈 本質上並無差別. 凡夫的心 由於被業障重重包圍 故變了質 不能與大靈構通. 但如果我人只要把自心加以澄請 淨化 將心量擴大 成了心包太虛 量周沙界 和宇宙的大心靈 融合無間 如是則我人也也能「心能轉物 卽同如來」了.

심령과 영혼은 본래 하나가 둘로 나뉘고 둘이 하나로 합쳐지는 것이며 동일체의 양단이라도 할 수 있는 것이다. 그러나 영혼에 대한 일반사람의 관념은 상대적 감각우주에 속하므로 괴로움도 있고, 즐거움도 있다. 그런데 진정한 심령은 괴로움과 즐거움을 벗어난 순수한 지각 우주이다. 마음속에 잡념과 망상이 가득 차 있다면 그것은 감각우주이다. 잡념과 망상이 그치고 심령이 맑으면 진상(본래면목)이 회복되는데 그것은 지각 우주이다.

心靈和靈魂 原是一而二 二而一的東西 可說是同一物之二端. 但一般人對靈魂的觀念 屬於相對的感覺宇宙 故有苦有樂 而眞正的心靈 是擺脫苦樂的純知覺宇宙. 心中雜念妄想紛飛 便是感覺宇宙. 雜念妄想停息 心靈澄徹 恢復眞常(本來面目) 便是知覺宇宙.

우리의 심령(진심)이 내태공과 외태공 나아가서 별도공간(높은 차원)의 사물까지 포괄하는 우주의 사물을 마음대로 개조하려면 무엇보다도 ≪우주 대심령≫의 대자재라는 신통력을 운용할 줄 알아야 한다.

我人的心靈(眞心) 要隨心所欲的改造宇宙事物 包括內太空與外太空 甚至是別度空間(高次元) 的事物 首先要懂得運用「宇宙大心靈」的大自在神通力.

모든 사람의 심령은 우주방사능을 간직하고 있을 뿐만 아니라 우주방사능보다 더 신묘한 것을 아주 많이 가지고 있다. 우리는 인간이 보아낼 수 없는 것을 보시고 인간이 알아낼 수 없는 것을 아시는 위대한 본사 석가모니불께 대하여 탄복하지 않을 수 없다.

오늘부터 모두들 어서 빨리 수행하라. 자신이 아득한 옛적부터(無始以來) 쌓아온 심병을 치료하면 즉 심령이 무념하면 진상이 나타나고 따라서 우주의 모든 비밀을 다 알게 되는 동시에 그 속에

자재하는 큰 신통력을 운용하여 마음대로 모든 것을 개조할 수 있게 될 것이다.

任何人的心靈 不但含藏有宇宙放射能 還有很多比宇宙放射能更 神妙的東西. 我們眞要佩服本師釋迦牟尼佛的偉大 能見人之所未能見 能知人所未能知. 從今天起 大家就趕抉去修罷 把自己無始以來的心病治好了-心靈無念 眞常現出 那麼 你不但能體會到宇宙的一切奧秘 同時也能運用到其中的大自在神通力 隨心所欲 改造一切了.

제5장

극락세계 유람기

극락세계 유람기

1. 1987년 4월 신가파 남해 보타산 강연

"여러 스님과 거사님들 반갑습니다"
오늘 우리들은 부처님 인연으로 한 곳에 모였습니다. 이것은 전생, 혹은 금생에 맺은 인연입니다. 이 인연으로 제가 서방정토에 대해 보고 들은 것을 여러분께 알리게 되었습니다.

☆제가 이야기 할 바의 요점은 다섯 가지 입니다.

①·나는 어떻게 극락세계에 가게 됐는가?
·무슨 인연으로 극락세계에 가게 됐는가?
·내가 극락세계에 유람한 시간은 대략 20시간 정도인데 인간 세계에 돌아와 보니 이미 6년 5개월이 지났다.

②·서방정토에 도달하기 전에 내가 먼저 도달한 나한동, 도리천, 도솔천 그리고 극락

세계 3개 지점의 경계는 어떤 모습인가?

③ · 구품 왕생의 실제 정황은 어떤 모습인가? 즉 중생은 사바세계에서의 수행 공덕으로 구품 연화정의 一品으로 가는데 매일품 연화의 실제 생활 정경을 이야기하려 합니다. (저들의 신체적 특징, 의복, 안색, 음식기구, 연화의 크고 작음 등)

④ · 극락세계 중생은 어떠한가? 그곳에 왕생한 자는 어떤 종류의 수행으로 일품 일품 아래에서 위로 올라 불도를 이루는가를 설명하려 합니다.

⑤ · 그곳에서 만난 사람들 중에 내가 아는 사람들로부터 부탁받은 것으로 이곳 사바세계에 살고 있는 그들의 친한 사람들에게 안부를 전하고자 합니다.

2. 노상우路上遇(관음에 이끌려 성경聖境에 들어감)

이것은 1967년 10월 25일의 일입니다.
내가 맥사암사에서 좌선 중이었을 때, 어떤 사람이 내 이름을 부른 후 갑자기 그가 나를 잡고 앞으로 달리는데 나는 마치 술 취한 사람처럼 기분이 황홀하여졌고 왜 달리는지 이유를 알지 못했다.

사원을 나오니 나의 마음에 내가 이미 복건성 덕화현에 도달했음을 알 수 있었다.(200리) 계속 달리는데 길이 매우 가파랐으나 힘든 줄 알지 못했고 또한 배고프지도 목마르지도 졸리지도 않았다. 단지 당시에 날이 매우 밝았음을 알 수 있었다. 그때 중국은 문화혁명 시기였다. 내가 그날의 날짜가 며칠이었는가를 안 것은 지나가던 행인의 말 때문이었다. 그 행인이 말하길 그날은 10월 25일이고 문화혁명시기라 지방에서 난이 일어나서 야밤을 택해 길을 가고 있다는 것이다. 새벽

3시쯤에 내가 길에서 한 노승을 만났는데 그의 옷이 나와 똑같아 서로 합장 배례 하였다.

그 노스님은 자기를 소개하길 "나의 법호는 원관이요. 오늘 인연이 있어서 서로 만났으니 같이 구선사에 가서 노니는 것이 어떻겠소?"하길래 같은 불제자의 말씀이므로 나 또한 동의하였다.

우리는 함께 계속 위쪽으로 걸으면서 많은 이야기를 나누었는데 노스님은 나의 과거 일을 세세하게 이야기하였다. 심지어는 어느 생에는 어디 태어나고 어느 생에는 어느 곳에 태어났는가까지도 알고 있었다. 그 후 노스님께서 말씀하신 일구 일구를 기억하여 7년 후 그 장소에 가서 물어 본즉 각 생의 그 사람이 실제로 다 그 시절 그 장소에 있었고, 그분들은 모두 스님이었다. 단지 한번은 거사였는데 청조의 강희 연간에 용방 계격촌에 살았고, 이름은 정원사로 6남 2녀를 낳았다. 그 중 한 사람은 진사를 지냈는데 나중에 그곳에 가서 살펴보니 시간, 묘지 등이 다 실제

였으며 현재 자손이 121가에 450여명이었다.

이렇게 이야기를 나누다 순식간에 구선산에 도달했는데 (이 산은 복건성에서 최고로 높은 산이다) 이 산 가운데 큰 동굴이 있으니 이름하여 미륵동이었다. 굴 안에는 단지 방 한칸이 있었고 미륵불상을 모시고 있어서 미륵동이라고 하였다.

우리가 구선산 정상을 반정도 올라갔을 무렵 기이한 경치가 나타나며 눈앞의 길이 돌연 변해버렸다. 이것은 원래 구선산이 아니고 다만 한 천지가 보인 것 뿐이었다. 주변의 돌은 은은한 빛을 내고 있었고 눈앞에 일찍이 본적이 없는 큰 절이 나타났는데, 매우 웅장하고 화려한 모습이었다. 대문 위에 금으로 쓴 큰 액자가 하나 보이는데 예전에 보지 못한 글씨였다.

산중 앞에 네 분의 스님이 홍색의 긴 옷으로 몸을 감고 허리에는 금띠를 매고 계셨다. 그 스님들은 우리 두 사람이 도달하자 우리를 향해 합장하고 영접하였다. 우리들도 함께 인사를 하였다. 그때 나의 마음속에

"이 스님들의 모습은 내가 일찍이 본 적이 없었으니 아마도 라마승이시겠구나"하고 생각하였다.

그때 그들이 웃으면서 환영하며 우리를 앞으로 인도했다. 산중에 들어서니 몇 개의 요사채가 있는데 기이하게도 이 건축물들은 다 빛을 내고 있었다. 각 전각의 장엄함도 가히 볼만하였다. 우리들이 앞으로 나아가자 긴 회랑을 지나게 되었는데 회랑 양쪽에 여러가지 보지 못한 초목 과실이 울창하였다.

얼마가지 않아 우리 일행은 큰 법당에 도달했다. 큰 법당 위에는 금으로 쓴 글자가 빛을 내고 있었는데, 이 글은 중국 글도 영국 글도 아니었다. 원관 노스님께서는 천중나한 이라고 일러주셨다. 이곳은 아마도 나한의 수행 장소 같았다. 이 가운데 글자 하나는 '╬' 모양이었는데 나머지는 기억나지 않는다.

내가 원관 노스님을 만났을 때는 새벽 3시 쯤이었는데 그때는 이미 하늘이 밝아오기 시작했다. 전각 안팎에는 많은 사람이 출입하였으며 피부색이 황, 백, 흑, 청 등 다양하였는데 그 중에 황인종이 제일 많았다. 그들의 기이한 점은 입은 옷이 모두 빛을 내고 있었고 어떤 이는 무술을 연마하기도 하고, 어떤 이는 노래하며 춤추기도 하고, 어떤 이는 정좌양신을 하고, 또 어떤 이는 그 모습이 기쁨에 가득차 있는 점이었다. 우리들이 그곳에 도착하자 모두 친절함을 나타내고 환영을 표시하였다.

큰 법당 앞으로 나아가자 큰 글자 네 개가 보이는데 노스님께서 대웅본전 이라는 뜻이라고 가르쳐 주셨다. 두 분의 노 화상이 우리를 영접했는데 한 분은 백발이셨고, 한 분은 수염이 많으셨다.

그분들이 원관 노스님을 뵙자 몸을 굽혀 오 체투지로서 큰절을 하였다. 나는 원관 노스님은 틀림없이 보통 분이 아닌가보다고 생각을 하였다.

법당에 들어가자 기이하게도 단 하나의 불상도 보이지 않고 다만 공양물만이 가득 놓여 있을 뿐이었다.

객청에 나오니 한 동자승이 두 잔의 물을 가지고 왔는데 동자의 머리는 두 가락으로 따았으며, 몸은 녹색 옷을 걸치고 허리는 금띠를 매고 있었는데 그 모습이 참으로 좋아 보였다. 그 물은 흰색인데 청량하고 감미로웠다. 내가 반잔 정도 마시자 원관 노스님께서도 마시셨다. 그 물을 마신 후 정신이 맑아지고 온몸은 가뿐하여 조금의 피로감도 느끼지 못하였다. 잠시 후 동자가 동으로 된 물통을 가지고 왔기에 세수를 했는데 심신의 쾌활함은 이루 말할 수 가 없었다.

"정말 성스러운 경계에 들어 왔구나"하는 생각이 들었다.

객청으로 돌아와서 내가 나한동의 노스님께 합장 배례하고 불교의 장래가 어떻습니까? 하고 간절히 여쭈었다.

노화상께서 묵묵히 글을 쓰셨는데 불동심작욕유니주佛同心作欲由呢主라는 여덟 글자였다. 이것을 상하로 맞추면 36개의 글자가 되는데 불교의 백년 후의 정황이 이 안에 다 있으며 36개의 글자를 연결해 840구가 되면 전 세계 불교의 장래를 볼 수 있고, 불교가 사라진 후에 이것이 멈출 것이라고하셨다.

이야기를 마친 후 노스님은 나를 다른 방으로 안내하시고 쉬게하셨다. 방안에 들어서니 침구는 없고 부드럽고 높은 좌대가 있기에 그 위에 앉으니 몸이 날아갈듯 상쾌하였다.

조금 후 원관 노스님께서 나를 불러 이야기하시기를

“내가 너를 데리고 도솔천에 가서 미륵보살을 친견케 하고 너의 스승 허운화상을 만나도록 해 주겠다”라고하셨다.

우리는 함께 길을 떠나 도솔천에 가서 허운화상을 만났다. 길을 가는 도중에 웅장하고 장엄한 금집과 보배탑 등이 보이는데 모두 빛을 발하고 있었다. 그것을 자세히 구경하자니 원관 노스님께서 나를 재촉하며 시간이 없으니 얼른 가자고 하셨다.(뒤에 와서 생각하니 상계의 시간은 인간과 같지 않기 때문에 괜히 머뭇거리다가 나중에 인간세상으로 오면 몇 백년 몇 천년이 지나기 때문이었다.)

우리가 걸어가는 길은 다 돌로서 이루어 졌는데 색깔은 하얗고 모두 은은한 빛을 발하며, 산 위에는 기이한 꽃과 풀이 있었고, 바람을 따라 코 속에 스미는 향기는 몸과 마음을 상쾌하게 하였다.

몇 개의 모퉁이를 돌아서 대략 몇 리를 가자 눈앞에 커다란 다리가 나타났는데 기이하게도 이 다리는 중간만 있을 뿐 시작도 끝도 없이 허공에 떠 있었다.

"이 다리를 어떻게 건너갈 수 있습니까?"하고 여쭈니

"네가 평소에 독경하는 경이 있느냐?"하고 물으셨다.

"평소에 묘법연화경과 능엄주를 수지 독송합니다"하고 말씀 드렸더니

"네가 그것을 지송하라"하셨다.

내가 입으로 능엄주를 지송하기 시작하여 겨우 20여자를 외우니 눈앞에 다리의 시작과 끝이 나

타났다. 그 다리는 황금색 금광이 번쩍번쩍한 철로된 다리였고, 양쪽에 밝은 구슬 등이 매달려 각종 빛을 발하고 있었는데, 다리 입구에 다섯 개의 글이 걸려 있는 것이 그전의 글과 비슷하였다. 내가 생각하기에는 이것이 중천 나한교인 것 같았다.

내가 다리를 건넌 후 원관 노스님께
"어째서 진언을 외어야 다리가 나타납니까?"하고 여쭈니
"진언을 외우기 전에는 너의 본성이 자신의 업장에 얽매어 있다가 진언을 외우는 순간 그 업장이 모두 사라지고 번뇌의 구름이 흩어져서 너의 자성이 청정하여지기에 원래의 일체 경계가 나타난 것이다. 이것이 바로 '만리에 구름이 없으면 그 만리가 바로 하늘이다'라는 도리이니라"라고 말씀하셨다.

내가 다시 진언을 외우자 홀연 연꽃이 다리 아래에서 생겨 나의 몸을 싣고 허공에 올라 나아가게 하는데 그 속도는 매우 빨랐으며 바람은 불지

않았다. 오직 건물들이 뒤로 물러가는 모습에 내 몸이 앞으로 나아가고 있음을 알았을 뿐이다(연꽃은 수정과 같이 푸른빛을 발했고 잎사귀 또한 각종 빛을 내고 있었다.)

오래지 않아 우리의 눈앞에 북경의 천안문과 같은 건물이 나타났는데 그것은 백색과 은색으로 이루어진 성으로 웅장하고 화려함은 상상할 수도 없는 모습이었다. 우리들이 이 백운성에 도달하자 이 성의 문 위에 다섯 종류의 글자가 있는데 첫째는 중국 글로 남천문(사천왕의 처소)이라고 쓰여져 있었다. 우리가 이 문 안에 들어가자 많은 천인이 있었는데, 그 복장은 청조 시대의 것으로 아주 화려하면서 빛을 내고 있었다. 문무의 옷은 각기 특색이 있어서 무장은 옛 연극에서 본 갑주를 입고 있었다.

그들은 다 문 옆에 정렬하여 우리를 맞이하였는데 모두 합장하여 예를 갖추었다. 성안으로 열 걸음쯤 들어가자 큰 거울이 하나 보였는데 이 거울은 자기 마음속의 선악을 판단할 수 있는 거울이었다.

성문을 지나다 보니 길 위에는 구슬, 꽃, 탑 등 기이한 것들이 많이 보였다. 원관 노스님께서 소개하시기를 이 사천왕에서 한 층을 더 올라가면 도리천이 나타나며(욕계. 2천) 그곳은 옥황대제의 주처로서 4방 삼십이천을 관리하는 곳이라고 일러주셨다.(욕계 4천) 순식간에 커다란 건물이 나타나며, 그 앞에서 20여명이 우리를 영접하고 있었다.

그중 한 분은 나의 은사 허운 스님이셨고, 묘련화상 목영대사 등이셨는데 그 분들의 의복은 붉게 빛이 나는 가사였다. 허운 은사를 뵙고 내가 합장 공경한 후 감동하여 울먹이자 스님께서 나에게 말씀하시기를

"마음을 고요히 하라. 도리어 무슨 기쁨, 슬픔이 있겠느냐, 너는 같이 온 노승이 누구신줄 아느냐?"하셨다.

"원관 노스님이십니다"라고 말씀 드렸더니

"저분이 바로 대자대비 구고구난 관세음보살님이시니라"라고 하셨다.

이 말을 듣고 내가 크게 놀라 어찌할 바를 몰

라

"눈이 있어도 태산을 보지 못하였습니다"하고 거듭 예배드렸다. 원관 노스님(관세음보살)께서 나를 끌고 이들 속으로 들어가자 나의 몸은 도솔천인과 같이 3장 크기로 변하였다.

허운스님께서 당시 나에게 간곡히 이르시기를 "사바세계에 가서 열심히 수련하여 업장을 제거하고 아울러 불사를 일으켜라"고하셨다.

도솔천에도 남녀노소가 다 있었는데 그들의 복장은 모두 명조 때의 것이었다.

3. 미륵보살의 개시開示

이윽고 도솔천 내원으로 들어가니 미륵보살께서 계시기에 예배드렸다. 미륵 대전 내의 웅장하고 화려함은 말로서 표현할 수 없을 정도였다.

문 앞의 편액에는 세 개의 큰 글자를 5종류의 글로 써서 붙였는데 그중 하나는 중국어였다. 도솔천 미륵 보살의 모양은 사바세계처럼 대 부분이 큰 미소 띤 모습이 아니라 32상 80종호를 갖춘 위엄서린 모습이셨다.

대전의 복도에는 무수한 보살이 서거나 앉아 있는데 몸에는 각종 도의를 입고 있었고 빛나는 홍색가사를 입은 이가 많았다. 그들은 각각 하나씩의 연화좌를 소유하고 있었다. 내가 미륵 보살을 향해 예배하고 가르침을 청하자 보살께서

"내가 후에 용화세계에 강림하여 법을 설할 때 지구는 평범한 대지로 되고 사바세계는 인간 정토가 될 것이다. 너희는 서로 비방하지 말고……
(보살님의 가르침은 내가 완전히 기억해 내지 못한다)"

내가 사례를 한 후 사부 허운노사께 이끌려 커다란 누각으로 갔는데 누각 앞에는 한 분의 명조복장의 무장이 있었다. 이 무장이 우리들을 누각안으로 인도하자 문득 선녀가 나타나 달콤한 꿀로 만든 과자를 주는데 하나를 먹어보니 그 감미로움은 비할 바가 없었다.

목영대사께서 말씀하시기를 천상은 다 꿀로서 음식을 삼는데, 이 꿀을 먹으면 병을 물리치고 장수할 수 있다고하셨다. 그날 그 꿀을 먹은 후 나는 전에 비해 건강해지고 아직 약 한첩을 먹지 않았다.

목영대사께서 또 나에게 말씀하시기를

“천상세계 인간은 노느라고 제대로 수행하지 않아서 그 모습이 마치 인간세상의 대 부호와 같으며, 출가하지 않고 눈앞의 즐거움만 찾기에 삼계 속을 벗어나지 못한다. 우리들은 현재에 미륵보살의 설법을 들어서 후에 인간세계로 내려가 중생을 제도하고 보살도를 행하여 생사를 영원히 벗어날 것이다”라고 하셨다.

이때 은사 허운화상께서 나에게 말씀하시기를 “말법 시기에는 최고로 열악한 환경에 있는 중생을 제도하는 것이니 순경 향락을 도모하지 말라. 또한 역경을 피하지 말며, 악인을 제도하여 깨닫게 하고 그들의 의식을 선으로 돌아오게 하라. 청정하게 수행하여 열악한 환경 중에서도 능히 불교의 혜명정법을 펼치는 것이 진정한 보살이다. 내가 너에게 부탁하노니 너는 인간세계로 돌아간 후 그들에게 고하라. 계로서 스승을 삼고 옛날과 같이 수행하며 승려제도를 새로 고치지 말라.

현재 어떤 사람은 능엄주를 가짜라고 하고, 또 어떤 사람은 법을 고치자 하고, 어떤 사람은 인과를 믿지 않기도 하며, 단백질 운운하며 채소로 고행하지 않기도 한다. 도리어 사악한 법으로 중생을 미혹하고 불경을 왜곡되게 설하고 공양을 탐하는 데에만 뜻이 있으니 네가 돌아가면 각 나라에 다니면서 설법 교화해야 할 것인즉 너는 열악한 환경 중에서도 반드시 네 생전에 창건한 사암을 부흥시킬 것이다. 그러므로 너에게 '부흥'이라는 법명을 준 것이다. 이 뜻을 네가 분명히 이해하느냐?"라고 하셨다.

이 후 도솔천에서 여러 선남선녀와 장엄한 풍경을 구경하고 있을 때 관세음보살님께서 시간이 없으니 어서 서방 극락세계로 가자고 재촉하셨다.

4. 극락세계

도솔천을 지나 또 능엄주를 외우자, 발 아래에 연화좌가 나타나 나를 싣고 허공을 날아가는데 귀에서 바람이 지나가는 소리가 쌩쌩하고 났다. 잠시 후 눈앞에 아름다운 하늘의 세계가 나타났는데 연화가 땅에 닿아 내려서 살펴보니 땅은 금모래요, 하나 하나의 나무들은 높이가 10장이나 되고, 잎사귀는 3각, 5각, 7각형 모양의 금으로 되어있는데, 다 빛을 발하며 꽃이 피어 있었다. 또한 각종 아름다운 새들이 자유로이 날면서 아미타불의 성호를 노래하고 있었다.

관세음보살께서 말씀하시기를

"경에서 이른 것처럼 7중 비단 그 물과 7중 나무가 다 이 경계이니라"라고 하셨다.

귀 곁으로 설법 소리가 들리기는 하는데 완전하게 들리지는 않았다. 조금 더 가니 큰 길이 나타나는데 칠보로 장식된 높은 탑이 은은한 빛을 내고 있었다.

관세음보살님께서 손으로 눈앞을 가리키며 "네 앞에 아미타 부처님께서 계시는데 너는 그분이 보이느냐?"라고 하셨다.
"이것은 단지 커다란 벽이 아닙니까?"라고 말씀드렸더니
"네 앞에 보이는 것은 큰 벽이 아니라 아미타 부처님의 발가락이니라"하고 말씀하셨다.
"아미타 부처님의 신체가 이와 같이 크시다면 제가 어찌 뵐 수 있겠습니까?"하고 여쭈었다.

이 모습은 마치 미국에 있는 110층의 건물 앞에 선 개미와 같은 상태였다.
"너는 속히 무릎을 꿇고 아미타 여래의 가피로 네가 서방 극락세계에 가기를 간곡히 빌어라"하시기에 내가 시키는대로 아미타 여래께 기원하자 순식간에 내 몸이 커져 아미타부처님의 배꼽 정도까지 이르게 되어 비로소 그 분을 뵐 수 있었다.

그 곳은 층층이 연화로 쌓여있고, 수천 가지의 빛을 내는 가운데 부처님께서 앉아 계셨다. 이때 내가 먼 곳으로 시선을 돌리니 그때에 서방세계

의 모습이 한 눈에 보였다. 원관노사 또한 관세음보살님의 모습으로 변하시어 수천 가지의 빛을 내고 계셨다. 보살님의 모습 또한 점점 커져서 아미타불의 어깨 정도까지 이르렀는데 이때의 광경은 말로서는 이루 표현할 수 없다.

서방정토는 불경에 의하면 10만억 국토를 지나야 도달한다는데 이것을 시간으로 계산하면 150억 광년이다. 사람으로는 도저히 도달할 수 없는 광년이며, 단지 왕생 발원에 의해 한 순간 문득 도달한다고 한다.

내가 아미타 부처님을 향하여 머리 숙여 예배하며 나에게 복과 지혜를 주시어 생사의 윤회에서 벗어나기를 간절히 구하자 아미타 여래께서 말씀하시기를

"관세음보살이 너를 이끌어 이곳으로 데려와 각곳을 보게 하니 너는 자세히 보아라. 다만 본 뒤에 너는 반드시 인간세계로 돌아가야 한다"고하셨다.

당시 나는 극락세계의 수승한 경계와 인간세계

의 고통을 비교하여 생각해 보니 다시는 인간세계로 돌아가고 싶지 않았다. 이에 내가 애걸하기를
"이 극락세계는 아주 훌륭합니다. 나는 돌아가고 싶지 않으니 아미타 부처님의 대자대비로 이곳에 저를 머물게 하소서"라고 말씀드렸다.
그러자 부처님께서 말씀하시기를
"네가 이곳에 머물지 못하는 이유는 너 자신이 돌아가기를 원했기 때문이니라. 너는 이미 2겁 전에 이곳에 왕생했었느니라"

그러자 그때의 모습이 역력하게 나타났다. 아미타 부처님께서 관세음보살님께
"너는 속히 저 스님을 각 처로 데리고 가서 구경시키거라"하고 말씀하시었다.

이때 내가 본 회랑, 연못, 난간, 산, 땅은 다 칠보로 이루어졌고, 빛을 발하는데 마치 네온싸인의 빛과 같았다. 그 빛들은 모두 물체를 통과하였다.

대문 위에는 네 개의 큰 금글자가 있었는데 내가 보아서 도저히 알 수 없었다. 그 중 기억나는

문자는 '[illegible]'이다.

관세음보살님께서 설명해 주시기를 중국어로 읽으면 '대웅보전'이라는 뜻이고, 해석하면 무량수불이라고하셨다. 금벽으로 휘황한 대전은 웅장하기 비할 바 없었는데 족히 만인은 들어갈 수 있었다. 많은 보살들이 서 있거나 앉아 있었고, 대전 안팎을 거니는데 신체가 전부 금색 투명하였고, 보살의 크기는 부처님에 비해 왜소하였다.

대세지, 상정진보살 등 대 보살도 계셨다. 관세음보살님께서 하품 하생부터 상품 상생까지 유람을 하자며 안내해 주셨다. 길을 나서자 우리의 신체가 점점 작아지기 시작했다.

"극락세계 각 품의 중생 경계가 같지 않으므로 몸 크기에 차이가 있다. 우리는 지금 상품에서 하품으로 가는 중이니 몸이 점점 작아지는 것이다. 이것은 즉각 경계에 따라 체구가 정해지는 것이니라"하고 관음보살께서 설명해 주셨다.

5. 하품연화(업을 지닌 채 왕생하는 처소)

우리가 이렇게 이야기하면서 하품 연화지의 이곳저곳을 바라보니 모두 황금으로 이루어졌고, 은은히 빛을 발하여 투명하기도 하였다.

오래지 않아 눈앞에 넓은 광장이 나타났는데 광장 위에는 많은 여자아이들이 있었다. 나이는 대략 13~14세쯤 되어 보였다. 이 여자 아이들은 하나같이 머리를 두 갈래로 따았고, 자주색 꽃을 머리에 꽂고 있었으며, 맑은 녹색 옷을 입었는데 봉숭아 빛 소매에 허리는 금띠를 매고 있었다.

"서방 극락세계에 여자가 있다니!"

내가 이렇게 의심하자 관세음보살님께서 말씀하시기를

"의심하지 말라. 이 곳은 원래 남자 여자로 구분하는 상이 없다. 너의 지금 모습은 어떠한가 보아라."하셨다.

내가 나의 모습을 살펴보자 어느새 여자아이로 변해 있었다.

놀라서 관세음보살님께 여쭙자 관음께서 말씀하시기를
"이 곳은 한 분의 보살께서 주재하시는데 그 보살님께서 남자로 변하면 전부 남자로 변하고, 여자로 변하면 모두 여자로 변한다. 실제로 남녀의 변함에 관계없이 연화에서 화생한 것이요, 본래의 몸은 아니니라. 그들의 몸은 다 백색 수정으로 투명함이 유리와 같다"고 하셨다. 나의 몸도 관세음보살님께서 말씀하신 뒤로 피부, 살, 손톱, 뼈, 혈 모두가 백색 투명한 수정으로 변하였다.

하품 하생에 왕생한 자는 전부 업에 매인 채 이곳에 오며, 남녀노소를 불문하고 연화에 화생한 후 13~14세에 어린아이가 된다고하셨다. 내가 관세음보살님께 여쭙되,
"무슨 이유로 이 곳에 왕생한 중생은 모두 한 모습입니까?"하니
"그 까닭은 불성이 있는 것은 모두 평등하기 때문이니라. 따라서 이 연화에 화생한 중생은 인간세상 부귀공명과 나이에 관계없이 모두 10여세의

모습으로 되는 것이다."라고 대답하셨다.

하품 하생은 연화에 화생한 후 연화 안에서 생활하는데(하루를 여섯 때로 나눔) 그중 한때는 대 보살이 주재하시며, 시작 될 때는 범종을 한번 울린다. 그러면 연화 안에 있던 사람들이 다 모이는데 남자나 여자중의 한 모습으로 통일되었다. 색깔도 한결같이 녹, 홍, 황색이었다.

이 하품의 중생은 낮에는 연꽃에서 나와 노래, 춤, 예배, 예불, 독경, 유희 등을 하고 휴식 시간에는 각자의 연꽃에 돌아가 쉰다. 따라서 낮에는 연꽃이 열리고 밤에는 꽃이 닫힌다. 쉴 때는 연꽃 안에서 어떤 이는 마음으로 예불하며 기도하기도 하고, 또 어떤 이는 기괴한 꿈을 꾸기도 한다.(업에 매인 채 왕생하였기에 과거세의 업이 망령되이 반영된 것임)

관세음보살님께서 나에게 연화 광장을 보라. 하시기에 그 곳을 바라보니 여자아이들이 몇 십 명씩 무리 지어 모이는데 수만은 족히 넘어 보였다. 관세음보살님께서

"너는 저 연못의 물로 세수를 하거라."하시기에

"옷이 젖으면 어떻게 합니까?"라고 여쭈니
"이 물은 사바세계의 물과 같지 않기 때문에 젖지 않는다"라고 하셨다.

말씀을 듣고 물에 들어가 몸을 씻었는데 말씀하신 대로 옷이 젖지 않았다. 극락의 물은 공기와 같았으며, 수영을 할 줄 모르는데도 오르고 내림이 자유로웠다. 그 물을 움켜쥐고 입에 넣어보니 입안이 매우 상쾌하였다.

어느덧 전신이 경쾌하고 몸은 날아갈 것 같았다.

그 연못 안에는 많은 연꽃이 있었는데 어떤 것은 찬란히 빛나고 있었고(염불하고 있는 경우), 어떤 것은 마르고 끊어진 것도 있었다. 연화지 중의 물이 바로 팔공덕수였다.

6. 하품하생

하품 하생자는 사바세계에 있을 때 정토에 태어나기를 원하였기에 일심으로 염불하여 업을 지닌 채 왕생한 중생이다.

왜 업을 지닌채 왕생했다고 하는가?

이 중생은 사바세계에 있을 때 일찍이 각종 악업을 지었는데 (살인, 도박, 사기, 비방, 모해, 양설, 사음 등 10악) 이 사람의 덕행을 논한다면 본래는 왕생이 불가능하지만 그가 임종 시기에 선지식을 만나 선지식이 그에게 염불경을 가르치고 아미타불의 성호를 일심으로 염하게 한 다음(일심염불은 다 속세의 선근종자) 아미타 부처님의 원력 가피를 빌어서 그를 접인하여 하품 하생 중의 연꽃에 태어나게 한 것이다.

그런데 구품 연화는 아래 하품 하생부터 상품 상생까지 도달하는 세월이 약 십이겁이 걸리고 (일겁은 1679만 8,000년) 하품 하생의 왕생자가 상품 상생에 도달하자면 2억 157만 6,000년의 시간이 지나야 바야흐로 성불할 수 있다.

다만 우리 사바세계에서 결정심을 지니고 근고 수련하면 35년 안에 문득 중품 혹은 상품 혹은 성도에 도달할 수 있다. 이로 인해 우리는 인신난득(사람 몸 얻기 어려움)을 생각하여 부지런히 수행하면 능히 바로 상품상생에 태어나 꽃이 열리어 부처님을 친견할 수 있을 것이다.

인광법사와 홍일법사의 생활은 후일에 기술하겠다.

우리들 사바세계의 중생들은 오히려 많은 고통이 있지만 극락세계 속에는 설사 하품 하생에 태어나도 절대로 인생 8고가 없으므로 극락이라고 한다.

극락세계는 오직 락은 있고 고는 없다. 비록 하품하생의 중생이라도 십이겁의 긴 시간을 수행하면 능히 상품 상생에 태어날 수 있다.

여기에서는 수행 과정이 시작부터 끝까지 극락의 상태로 지내게 되는 것이다. 하품하생의 연꽃은 우리 인간의 연꽃과 같지 않고, 꽃의 크기는 일리에서 삼리까지 굵기에 따라 그 크기가 다르며 높이는 3~4층인데 연꽃이 다 빛을 발하고 이 속에 왕생한 자는 그들의 연꽃 내에서 망상을 일으키면 연꽃이 시들고 광채가 없어지며 망상이 없는 자는 연꽃이 문득 찬란한 빛을 내 뿜는다.

다음은 두 가지 예이다.

관세음보살님께서 말씀하시기를
"중생들이 오랜 세월동안 갖가지 같지 않은 업을 지어서 그것을 지닌채 왕생하였기에 왕생한 후에는 업이 망령되이 나타나는 것이 서로 같지 않은데 하품 하생자는 업장이 비교적 많아서 당연히 가볍고 무거움의 차이가 있어 하품 연화에도 상·중·하가 있는 것이다.

다수의 인간은 부모, 형제, 자매. 친구 등과 물질의 욕심, 명예 등을 잊기가 어렵다. 이런 것들이 반영되어 나타나는데(망상으로) 인간이 꿈을 꾸는 것과 같은 것이므로 너는 실제 상황을 보아라."

몇 개의 연꽃을 지나 우리가 앞에 나아가자 넓은 집이 나타났는데 안에는 값나가는 물건들이 가득 진열되어 있었다. 그 가운데 어떤 사람이 남녀노소 10여명에 둘러싸여 있는데 의복 등이 인간 세상의 것과 같았다.
내가 관세음보살님께 여쭙기를
"어째서 극락세계에 인간의 집안 생활과 같은 모습들이 있습니까?"하니
"이 저택의 주인이 인간세상에 있을 때 죽기 직전에 선지식의 도움으로 깨끗한 마음을 내어 왕생하였으나 업을 지닌채 왕생했으므로, 여러 생 동안 쌓인 습기 망상이 없어지지 않아서 그때의 일들을 놓아 버리지 못하고 아직도 애착을 가지고 있기 때문이니라.

이 곳의 수십 인은 모두 그 주인의 부모, 처자, 애인, 형제, 자매, 친척, 자식들인데 그가 연꽃 중에서 휴식할 때 문득 이 사람들을 생각하면 그 가족들이 물질(형상)화 되어 나타나는 것이다.

극락세계에 락은 있고 고는 없음으로 인하여 부모를 생각하면 부모가 오고, 처자를 생각하면 처자가 오고, 집을 생각하면 집이 생기고, 산해진

미를 생각하면 산해진미가 갖춰진다. 나타나는 현상은 사바세계의 꿈속 창조와 같은데 꿈속에서는 실지로 있는 것 같으나 깨고 보면 다 없어지는 망상과 같이 지금 보이는 이 모습도 망녕된 생각으로 나타나는 것이다. 알고 보면 업을 지닌 채 이곳에 왕생한 사람은 인간 세상에 있을때 망상이 많고 욕심이 많은 사람이다.

사바 세계는 물질적 세계라 많은 물건을 갖고자 하나 구해도 다 얻지 못하는 고통이 있다. 다만 극락세계는 물질적 세계가 아니기에 너의 한 생각이 무엇이냐에 따라서 네 앞에 그 물질이 나타나고 그것은 네가 쓰고 써도 다함이 없다. 극락세계는 성질이 허공성이기 때문에 법계에 두루하고, 천계는 신의 성질이기에 비록 5신력이 있으나 어떤 때는 구해도 얻지 못하는 현상이 있고 인간세계는 물질계이기에 구하는대로 다 얻지 못하느니라."라고 말씀하셨다.

"이 앞에 나타난 정경과 여래 청정심 정경과는 어떤 차이가 있습니까?"하고 여쭈었더니

“여래 청정심 정경은 머무르며 말하지 않고 영원히 여러 가지 빛을 낸다. 그러나 망령된 정경은 무상에 속하여 어떤 빛도 낼 수 없다. 따라서 자기의 망령된 업을 깨달을 때 문득 일체가 공하여 있는바가 없어지니 이것은 마치 인간의 꿈속에서는 산하대지와 인물 성곽들이 존재하지만 깨고 나면 없는 것과 같다.

사바세계의 인간은 애석하게도 전 생애를 이익을 얻고자 하는데만 쏟아 남을 죽이고 자신이 살려고만 한다. 이러한 이유로 후에 한 사람도 업에서 벗어나지 못하고 혼백이 육도 윤회에 들어가 인연으로 낳고 인연으로 죽으며 고통을 받느니라. 그러므로 고해를 벗어나고자 하면 반드시 이 사실을 깨달아 생각을 바꾸어 정토를 구해야 하느니라”라고 말씀하셨다.

앞에서 얘기한 집주인은 업을 지닌채 왕생한 사람인데 관세음보살님의 말씀에 의하면 나와 동향인 복건성 보전현 사람이었다. 우리가 그 화려한 집안으로 들어가자 연회석이 차려져 있고 산해진미가 가득한데 대략 60~70명이 먹고 마시고 있었다.

거기에 한 노인이 있으니 나이는 70세 정도였으며 대 부호의 모습이었다.

그가 나에게 다가와 묻기를

"너는 어느 곳에서 왔는가?"

"저는 당신 고향과 같은 복건성 보전현에서 왔습니다."라고 대답했다.

그가 동향이란 말을 듣고 기뻐하면서 나를 자리로 안내하였다.

"당신은 이 곳에서 무슨 연회를 열고 있습니까?" 하고 물으니 그가 웃으면서

"당신은 이 곳이 처음인 모양인데 어떻게 이곳에 왔습니까?"하였다.

내가 원관노사를 가리키며

"이분은 관세음보살님 이신데 이분께서 저를 데리고 오셨습니다"라고 대답하였다.

이 말이 끝나자 눈앞의 정경이 돌연 사라지며 그 노인의 얼굴에는 부끄러운 빛이 가득하더니

돌연 13~14세의 아이의 모습으로 변하면서 연화 위에 단정히 앉는데, 백색 수정의 투명한 모습이 아주 보기 좋았다.

이날 정경이 갑자기 변한 까닭은 망상이 일어났다 사라지자 그 형상도 따라서 없어졌기 때문이다.

원래 이 사람은 사바세계에서 이름있는 부호였다. 그러나 그가 전생 망상이 있어 쌓인 습을 제거하기 어려웠기에 객을 청해 연회하는 습이 나타난 것이다.

얼마 후 그가 나에게 자기 소개 하기를

“나는 복건 포전 함강 다루촌 사람으로 이름은 임도일이었고 가정은 부유했으며 다루촌의 촌장으로 있었는데 임종시 선지식을 만나 십념으로 왕생한 것이다. 다만 부끄러운 것은 나의 업장이 많아서 애착을 항상 버리지 못하고 망상을 일으켜 각종 어지러운 모습들이 나타나는데 관세음보살님이 두 번이나 나타나 말씀하시어 내가 마음 닦기를 애썼으나 옛 병이 다시 발동하여 조금전과 같은 풍경이 나타난 것이다."라고 하였다.

이별할 때 그는 나에게 부탁하기를 자신에게는 한 명의 자식이 있는데 이름은 아왕이고 주소는 신가파라고 하며 장차 인간세상에 돌아가거든 자기가 이미 왕생했음을 알려 달라고 했다. 관세음보살님께서 말씀하시기를 업을 가진채 왕생한 사람은 연화지의 팔공덕수로 자주 목욕을 하면 마음속에 망상이 없어지고 점점 청정심을 회복한다고 일러 주셨다.

내가 관세음보살님과 높은 벼랑 아래에 도착하였을 때 또 이상한 광경을 보게 되었는데 약 20세 정도의 처녀가 높은 벼랑아래에서 통곡을 하고 있었다. 당시 나는 속으로 '극락세계는 고통은 없다고 했는데 무슨 일로 이곳에서 통곡하고 있을까?'하고 이상히 생각했다.

관세음보살님께서 나의 마음 속을 아시고
"네가 저 여인에게 물어보라"하시기에
"보살님 당신은 어째서 이곳에서 통곡을 하고 계십니까?"하고 내가 그 여인에게 다가가 물었더니

그가 머리를 돌려 나를 바라본 후 울지않을 뿐 아니라 도리어 웃으면서 말하기를

"나는 마음이 놀라서 망상이 일어났을 뿐입니다."라고 말하더니 그 보살은 다시 13~14세의 모습으로 연화 꽃에 앉아 있는데 역시 전신은 수정이었고 조금전의 벼랑은 사라져 버렸다.

그 보살이 나에게 자기 소개하기를

"나는 복건 수상 사람으로 이름은 아무개이며 나이는 21세였고, 불문에 귀의한 사람이며, 1960년에 출가를 결심했으나 주위에서 방해를 하기에 높은 벼랑에서 자살을 하였습니다. 이것은 본래 10악에 해당하지만 관음의 자비로 나의 일편 진심을 이끄시어 이곳 정토에 오게 되었습니다. 이곳에 온지 얼마 되지 않아서 놀란 마음이 가라앉지 않아 스스로의 마음을 제대로 조절하지 못하여 아까와 같은 모습을 나타내곤 합니다. 이것은 마치 인간 세상의 악몽과 같은 것입니다."

내가 그에게 관세음보살님을 소개하자 그가 관세음보살님께 예배하였다.

관세음보살님께서
"너는 연못의 팔공덕수로 자주 목욕을 하거라. 그러하면 네 업장이 점점 사라지리라"라고 일러 주셨다.

주위를 돌아보니 연꽃 중에서도 어떤 꽃들은 시들거나 죽어있기에 관세음보살님께 그 연유를 여쭈었더니
"연꽃이 생기가 있거나 혹은 죽게 되는 연유는 다음과 같으니라. 어떤 사람이 처음 부처님을 믿을 때 믿는 마음이 견고하여 용맹정진 염불하며 불종자를 심으면, 연꽃이 생기를 얻게 되는 것이요, 그러다가도 어느 시기에 마음이 나태해지면 염불을 하지 않을 뿐더러 심지어 열 가지 악 업을 일으키므로 연꽃이 점점 마르고 죽는 것이니라. 네가 본 이 연꽃이 마르고 꺾인 이유는 이 연꽃은 강서성 아무개라는 사람의 것인데, 그가 처음에는 불법에 귀의하여 염불하였지만 관리가 된 후에는 염불은 하지 않았고, 도리어 열 가지 악 업을 지어서 정부에 의해서 사형을 당했기 때

문이고, 또 이쪽의 연꽃은 영태현 사람의 것인데 그가 처음에는 법사에게 귀의하여 용맹정진하여 염불하였기에 3년 뒤에는 꽃이 활짝 피었었다. 하지만 나중에는 재물 모으는 생각에만 몰두하여 다시는 염불하지 않아 결국 파산하면서 빚을 갚을 길이 없자 자살하였기 때문에 연꽃이 꺾여 있는 것이니라. 이와 같이 십 악을 지은 자는 왕생하지 못하기에 연꽃이 죽게 되느니라."라고 말씀하셨다.

이 말씀을 듣고 의아한 생각이 들어 다시 여쭙기를

"허운노사께서 평소 저에게 말씀하시기를 염불일구가 바다와 모래수 같은 죄도 소멸한다고 하셨는데, 이 사람의 염불이 어째서 공덕이 없습니까?"하니

"어떤 사람들은 입으로는 염불을 하지만 마음은 독이 많은 지네 같아서 암암리에 사람을 해치는데 이것은 십 악업에 해당 되어 정토에 왕생하지 못한다. 그의 염불은 단지 선 근을 심은 것에 불

과하나 그래도 선근은 심어져 있기에 하루아침에 (어느 때라도) 죄업을 참회하고 염불하며 선을 행한다면 연꽃이 다시 생기를 얻어 광명을 내리라.

따라서 불법을 모르던 사람이 세상에서 악을 짓다가 나중에 선지식의 가르침으로 참회하여 다시는 악업을 짓지않고 일심염불을 시작하면 일구염불에 그의 무량 중죄가 소멸되고 또 그 마음이 계속해서 변하지 않으면 죽은 후 왕생정토 할 수 있으니 비록 업을 가지고 왕생하나 마침내 물러서지 않으면 불도를 이룰 수 있느니라."고 하셨다.

관세음보살님의 말씀에 의하면 세간의 빈부, 귀천, 선악, 지위, 남녀노소 등은 상관없이 단지 신심(믿는마음), 진실(참된마음), 근행염불(생활염불), 지악행선(악을 끊고 선을 행함), 심구여일(구하는 마음이 끊어지지 않는 것)만이 필요할 뿐이다. 그것을 항상 지니면 정토의 연화가 반드시 성장하고 임종시에는 자연히 아미타불의 인도를 받아, 왕생 극락하여 연화환생하는 것이다. 그러나 염불을 열심히 하다말다 하면 연꽃이 비록 열려도 아름답지 않을 뿐만 아니라, 더구나 십 악까지 짓게되면 다시 6도에 윤회하게 되는 것이다.

이때 홀연히 나이 30세의 비구니가 우리를 영접하는데 그는 본래 강서성 운거산 운암의 주지 법본 비구니였다. 그가 나를 보자 크게 기뻐하며 "반갑습니다. 관정스님 환영합니다."라고 하였다.

내가 묻기를

"너는 언제 왕생했기에 내가 알지를 못하는가?" 하니

"저는 1971년 환속을 기꺼워하지 않아서 한 곳에 가서 자살을 하였습니다. 본래 이것은 십 악의 일이나 제가 일심 염불로 부처님의 자비를 간구하였기에 마음이 속진에 물들지 않아 왕생했으며 온 지는 얼마 되지 않습니다."하였다.

"하품 왕생자가 대개 13~14세인데 너는 어찌 30세의 모습인가?"하니

"스님께서 오신다는 말씀을 듣고 저의 망상이 다시 일어나 본래의 모습을 나투었습니다. 스님께서 돌아가시거든 관충 사형께 부지런히 정진하라

고 해 주시고 저는 이미 정토에 왕생했으니 마음을 놓으시라고 전해주세요."하였다.

그때 종치는 소리가 들려오자 관세음보살님께서 설법 시간을 알리는 것이라고 일러 주셨다.

잠시 후 헤아릴 수 없을 정도로 많은 남자아이들이 열을 지어 모여드는데 몸에는 홍의를 걸치고 허리에는 금띠를 매고 머리는 쌍발로 따았으며, 복장은 하나로 통일됐고 전신은 모두 백색 투명한 수정이었다. 이윽고 하늘의 음악이 들리며 천상의 새들이 염불하는 가운데 빛을 내는 한 보살님이 눈앞에 출현하시는데 이 모습이 뛰어남은 극에 달한 것이었다.

관세음보살님께서 나에게 말씀하시기를

"이 분은 대락大樂보살(크게 즐거운 보살)로서 오늘 그가 설법하는 날이므로 서방 미륵부처님께 예배하고자 가는 것이다"라고 하셨다. 이때 하늘에서 여러가지 꽃비가 내리고 각종 기이한 물건이 나타나는데, 남자아이들이 옷소매로 그것을 받아오고는 했다. 또한 하늘에서 비추는 수많은 빛은 너무나 아름다워 보였다.

하품 하생의 특징을 몇 가지 더 말하자면 이곳에는 공통된 언어를 쓰는 다라니 집이 있는데, 이곳의 보살님께서 일 구를 설하시면 복건인, 광동인, 해남인, 조주인, 상해인, 사천인, 미국, 영국, 소련, 일본인 등 누구를 막론하고 보살의 말씀을 모두 이해한다. 이것이 바로 이곳의 공통된 언어인 다라니어이다.

또 이곳에는 단 하나의 높은 탑이 있는데 그 이름은 정관탑이었고 그곳의 중생은 탑 위를 자유로이 오르내릴 수 있었다. 이 탑은 굉장히 커서 그 어떤 것도 탑 표면에 비추어 볼 수 있는데 가령 내가 사바세계의 지구를 보고자하면 모래알만한 크기로 지구가 보이고 태양도 또한 그렇게 보였다. 또 이 탑은 작은 것은 크게 확대하여 볼 수도 있어서 내가 아시아를 보고자하면 아시아가 확대되어 보이고, 중국을 보고자하면 중국이 그렇게 보이며, 심지어 한 집안의 못 박힌 것까지 확대해 볼 수 있는 탑이다. 말하자면 정관탑은 보지 못하는 것이 없는 전 우주의 천문대였다.

그 외의 하품 중생의 왕생자는 생전에 사바세계에서 선한 일을 짓되 선근복덕을 쌓아 염불회향(염불한 모든 공덕을 제가 갖지 않고 남에게 돌리는 것) 서방정토하여 아미타부처님의 원력과 가피력으로 죽은 후 이 경계에 왕생한 사람들이다.

또 하품하생의 왕생자는 여기에서 한층 더 나아가 생전에 5계, 8계를 지니고 적극 행선, 보시, 수행을 비교적 잘 한 사람들로서 이곳에 왕생한 사람들이다.

하품을 참관 한 후 시간이 없기에 다시 중품을 구경하게 되었다.

7. 중품연화(범부와 성인이 한 곳에 거함)

우리들이 하품 연화지를 나와 내가 전과 같이 진언을 외우자 우리의 몸이 하늘로 날아 올라갔다. 그때 휘황 찬란한 누각 뾰족한 탑 등이 눈앞에 나타났는데, 이때 나의 신체가 점점 커지는 것을 느꼈다. 이것은 중품 연화지에 도착하였기 때문이다.

관세음보살님께서 나에게 말씀하시기를

"중품 중생은 범성(범부와 성현)이 동주(같이 생활함)여서 4층이 다 있으니 이곳에 온 사람은 하품의 왕생자보다 한층 수승(뛰어나다)하다. 그들은 사바세계에 있을 때 삼계를 떠나고자 부지런히 수행하고 적극적으로 불교 사업을 벌이고 사원을 건축하고 혹 경론을 인쇄하는 등 널리 불법을 선포하는 일을 하였다. 아울러 보시를 하고 지계를 엄하게 지니고 자비희사(남에게 낙을 주고, 고를 없애주며, 기쁘게 재물을 베풀어 줌)를 베풀었기에 임종시에 서방 삼성(세분의 성인인 아미타불, 관세음보살, 대세지보살)이 이끌어 중품 중생에 왕생하는데 다만 그들의 수행에 각기 차이가 있어서 상·중·하로 나눌 뿐이다"라고 하셨다.

잠시 후 우리가 대전에 들어가 모든 보살께 예배를 드리자 관세음보살님께서 나를 연화지로 안내하시는데 아! 중품 연화지는 하품 연화지에 비교할 수 없을 정도로 수승함이 대단하였다. 사방이 두루 칠공 식물이요, 연못 안의 연꽃은 아름다움의 극치였고 거기서 각양각색의 빛이 나오는데 그것이 서로 휘황하게 어우러지는 모습은 눈으로 형용하기 어려울 정도로 아름다웠다. 더욱 기이한 것은 연화를 여러 층으로 나누었는데, 매 층 안에 정자 누각 보탑 등이 있어 그것들이 몇몇 십 종의 빛을 내 쏘는 것이었는데 풍경의 아름다움은 이미 극에 달했다.

연화 위에 있는 사람의 모습은 투명한 금빛을 발하고 의복은 모두 한 모양인데, 나이는 20세 전후로 한 명의 어린이나 노인은 볼 수 없었다. 이때 나 자신도 그들과 같은 20대의 모습으로 변해 있었다.

내가 관세음보살님께 여쭙기를
"이 연꽃 속의 물건은 어찌하여 빛을 내며, 또 제 몸이 저들과 똑같이 변한 이유는 무엇입니까?"하니
"이것은 아미타부처님의 힘으로 빛이 나는 것이며, 이 빛은 아미타 부처님의 무량광명이니라. 너의 몸이 변화하는 것 또한 아미타부처님의 힘이다. 중품 연화에 빛을 발하지 않는 누각이 있는데 이것은 극락국의 진짜 경치가 아니고 이곳에 왕생한 자의 망상으로 이루어진 무상한 경계이니라."라고 말씀하셨다.

이때 마침 눈앞에 빛 없는 누각이 하나 보이는데 사방에는 넓은 화원이 있고, 백 가지 꽃이 피어있으며 기이한 새들이 노래하고 있는 정경이 인간세상 부호의 저택 같았다. 이 집 주인이 삼보께 공양하자 부모, 처자, 형제, 자매, 친척이 다 모여 수행 염불하였다. 그들은 남녀 20여명이었고 모두 경건한 불제자들이었다.

관세음보살님께서 말씀하시기를

"이 집 주인은 베풀기를 좋아해 자·비·희·사를 하여 이미 중품에 왕생하였으나 아직 옛 생각을 끊지 못해 항상 자기 가족을 생각하니 그 정황이 이곳에 나타나는 것이다.

구품 연꽃은 일품일품 아래로부터 위로 올라가는데 하품에서 수행을 잘 하면 중품 연화지 가운데로 옮겨진다. 이것은 참선과 같은데 초선이 끝나면 2선으로 3선으로 4선으로 올라가는 이치와 같다."라고 말씀하셨다.

그때 홀연히 설법시간을 알리는 종소리가 나자 빛을 내지 않던 누각은 문득 사라지고 집 주인도 20세 청년으로 변하여 수많은 사람들과 함께 커다란 회장으로 모여들었다.

관세음보살님께서 말씀하시기를
"오늘 대세지 보살과, 상정진 보살이 법화경을 강의하니 너는 속히 가서 들어라."하셨다.

내가 무리들과 함께 강당에 들어가니 강당 위의 사방은 비단 구슬이 달린 비단 장막으로 둘러싸여 빛을 발하고 있었고, 그 가운데 커다란 누각이 하나 있어 그 주위에 둘러앉은 보살들은 조용히 경을 듣고 있었다. 강의대는 칠보, 금, 은으로 구성되었고 높이는 알 수 없으나 아주 장엄하였다. 관세음보살님께서 나를 강의대로 데려가 두 분 보살님께 예배시킨 후 근처의 자리에 앉게 하셨다.

대세지 보살님은 주석의 자리에 앉아 계셨다.

이때 어느 곳에서인지 모르는 향기가 장내에 그윽하고, 천상에서는 홀연히 음악이 들리며 아름다운 새들이 음악에 맞추어 춤을 추고 있었다.

대세지 보살님께서 강경회 개최를 선포하자 상정진 보살님이 대세지 보살님께 예배한 후 말씀하시기를

"묘법연화경은 이 화장세계 제불의 근원이며 성불의 근원이니 무릇 성불을 원하는 자는 반드시 이 경을 배워야 할 것이니라."하셨다.

대략 한 시간 전도 경문을 들어보니 이곳의 묘법연화경은 인간세상의 경문과 같지 않았다.

관세음보살님께서 아시고 설명해 주시기를

"인간의 묘법연화경 경문은 비교적 낮고 이곳의 경전은 심오하다. 실천은 비록 다르나 뜻은 하나이다. 이것으로 미루어 보면 천인은 보살의 경계를 알지 못하고, 보살은 부처님의 경계를 알지 못한다. 보살은 다만 한 소리로 설법을 하지만 듣는 사람이 천 백 가지로 이해하니 이것이 언어다라니삼매이니라."라고 말씀하셨다.

상정진 보살님께서 설법을 마치시니 눈앞에 기이한 정경이 일어났는데 하늘 위에서 하늘꽃 보물이 수없이 내려오고 아래의 청중들은 줍고 받고 있는데 이때 울리던 하늘 음악은 어느 곳에서 오는지 알 수는 없었지만, 듣기에 아주 장엄하였다. 그때 그 아래서 홍색 옷을 걸친 무수한 청년들이 몸을 한번 흔들자 전부 녹색 의상의 여자로 변하며 소매는 도화색, 허리에는 금색띠를 매고 일제히 일어나 춤을 추는데 그 즐거움은 다른 것에 비할 바가 없었다.

또한 그들이 둥근 모양의 연꽃으로 변하여서 각기 다른 아름다운 색채를 내자 돌연 연화 위에

한 보살이 나타나셨다. 그러자 그 모든 탑들이 빛을 내며 주위는 아름다움으로 가득 찼다. 그때 돌연 녹의를 걸친 수백의 여자가 허공에서 표표히 내려오는데 어느 곳에도 걸리지 않아 마치 공기와 같았다.

관음께서

"극락세계는 아미타불의 원력으로 형성된 것이라 다 투명하며 물질이 아니기에 추호도 사물에 장애가 되지 않는다."고 말씀해주셨다.

이윽고 관음보살님은 팔대경산 화장세계 전람관으로 나를 이끌고 가셨다.

8. 팔대경산(8가지 큰 빛의 산)

중품 하생의 왕생자는 망념이 적거나 혹 아주 없으며 모두 16~20세 정도였다. 의복은 서로 같으나 남녀의 구분은 없고 그들은 모두 함께 행동하는데, 매일 시방 부처님께 공양을 올린다. 연화는 비교적 많고 각종의 빛을 발한다.

이 중품 하생에는 또 다른 수승한 경치가 있으니 바로 팔대경산이다.

이것은 우리의 8식을 대표하는 것인데(안, 이, 비, 설, 신, 의 말라식, 아뢰야식을 합하여 8식 심전) 아미타부처님께서 이 경산을 설치하고 이곳에 왕생한 사람들이 자기의 8식 심전을 닦아서 공에 이르게 되면 그것이 멈추게 된다.

제 1 경산은 광명경산으로 우리의 인식認識을 대표한 것이니 이 산중에서는 시방세계 일체를 눈으로 보게 되니 예를 들면 시바세계 아무개의 전생은 도야지, 후생은 노비, 다음 생은 부호 이런 식으로 모두 볼 수 있다.(심지어 타방 불도의 모습까지)

제 2 경산은 성문경산(소리를 듣는 빛의 산)으로 우리의 듣는 식을 대표한 것이니 시방세계의 일체소리 즉, 어떤 음성도 한 순간에 다 들을 수 있으며 심지어 부처님께서 어느 경전을 강의하시는지도 다 들을 수 있다.

제 3 경산은 미방경산(맛과 향기)으로 이는 비식(코)을 대표한 것이니 이 산중은 시방세계의 어떤 기미도 단지 한 번의 코에 지나면 그 안의 내용을 알 수 있는 것이다.(남자, 여자, 금, 은 등 일체의 구별을 코로 알아냄)

제 4 경산은 음성경산으로 설식(혀)을 대표한 것이니 시방세계 어느 곳에서 발한 소리도 부처님에서부터 지옥에 이르기까지 모든 소리를 다 알 수 있는 것이다.

제 5 경산은 금신경산으로 신식(몸)을 대표한 것이니 이 산중은 다 촉각에 의지하여 모든 사물을 판단하는데 사바세계의 모든 몸들은(금신=32상 80종호) 다 자신의 신체와 같이 알 수 있다는 것이다.

제 6 경산은 의식경산으로 이것은 우리의 의식

(뜻)을 대표한 것이니 이 산중은 무수 제불의 과거부터 몇 천생에 이르기까지 속 마음을 다 알 수 있으며 자기의 세세생생도 알 수 있는 것이다.

제 7 경산은 제명경산(밝음을 구함)으로 7식을 대표한 것이니 이것은 아집경계로 위의 6경이 동시에 집중되어 오는 것이다.

제 8 경산은 무변경산(끝이 없는 빛의 산)으로 제 8식을 대표한 것이니 이 허공에 두루한 과거, 현재, 미래 삼세의 시방 법계를 다 비춘다는 것이다.

9. 화장세계 전람관

중품 중생의 연화 왕생자는 사바세계에 있을 때 불법에 대한 이해와 수행이 상당히 심오했고, 동시에 온 힘을 기울여 보시 선근하여 상당한 성과를 거둔 이들이다. 이로 인해 대선근을 성취하였고, 수행과 더불어 공덕이 중품 하생보다는 한 단계 위이다.

중품 중생의 방과 탑 등은 하품보다 더 화려하고 이 속의 중생은 하늘에서 내리는 꽃으로 매일 시방 부처님께 공양을 올리는데 꽃 모양이 어찌나 아름답고 뛰어난지 사바세계의 꽃은 이 꽃의 만 분의 일도 미치지 못한다.

하늘의 음악 또한 말로는 형용할 수 없을 정도로 훌륭하다. 부처님 경에 의하면 사바세계 만 가지 음악이 도리천 음악 하나만도 못하고 도리천 음악이 아미타부처님 세계의 한 가지 음악에도 미치지 못한다고하셨다.

중품 중생의 왕생자는 신체가 모두 금홍색으로

투명하여 걸림이 없고 찰라 간에 모든 부처님 나라에 가서 시방 제불께 공양하고 오는데 생전에 대공력이 없는 사람은 이곳 사람이 되지 못한다. 중품 중생은 망상이 없거나, 망상이 적기 때문에 요구하는 물건이 적다. 중품 하생은 꽃, 꿀 등을 요구하지만 이들 중품 중생은 근본적으로 다른 물건을 필요로 하지 않는다. 중품 중생은 자리에 앉아 화장세계 전람관을 볼 수 있는데 이 전람관은 모두 불보살의 각종 수행 방법을 볼 수 있으며, 일층일층 다 부처님의 성불 과정을 보여준다.

예를 들면 아미타부처님의 전생은 법장비구이고, 그 분의 스승은 세자재여래로 그 분이 일찍이 어떤 수행방법과 어떤 발원을 하셨는가를 볼 수 도 있고, 그 분의 또 다른 전생은 무엇이고, 심지어 백생 가백생 천생전의 모든 정황을 한 번에 볼 수도 있다.

그 외에 관음보살님의 성도적 과정과 가섭불, 약사불, 보현보살, 문수보살 등의 수행 과정을 다 화장세계 전람관에서 볼 수 있을 뿐만 아니라 시방세계 모든 보살님들의 정황 또한 이와 같이 알 수 있다.

≪이상 중품중생에 대한 이야기는 있으나 중품상생에 대한 이야기는 없는 것이 필자(관정법사)가 빼고 썼는지 번역자가 빼고 썼는지는 알 수 없고, 중품중생에 대한 설명 중 어느 것이 중품상생에 대한 것인지도 모를 일이나 어쨌든 기록은 상기와 같다.≫

10. 상품연화(화견불=연꽃에서 부처님을 뵙다)

내가 진언을 외우자 연화가 우리의 다리를 받쳐서 위로 올라가는데 나의 신체가 점점 커져 처음 아미타부처님을 뵈올 때만 하였다.

관세음보살님께서 말씀하시기를

"상품상생에 왕생한 중생은 그가 사바세계에 있을 때 정진 수행하고 계를 지닌 것이 마치 밝은 구슬과 같았으며, 불경책을 연구하면서 10가지 악을 끊고 10가지 선을 수행하며 자기를 수행한 분들이다.(자성을 밝힌 이들) 그들이 육체의 수명을 마치면 이같은 용맹정진도 멈추면서 찰라 간에 상품연화에 왕생한다.

상품상생의 중생은 망상이 완전히 없고, 6근이 청정하여 이미 보살의 경계에 도달하였기에 자유로이 변화하고 신통 유희하여 뜻하는 대로 모두가 이루어진다. 내가 너를 데리고 연화지 안으로 갈테니 잘 살펴보아라."하셨다.

상품연화지는 중·하품에 비해 더욱 장엄하여 각종 빛과 맑은 향을 냈으며, 연화 가운데는 미려한 다리가 있었다.

연못은 아주 커서 끝이 보이지 않고 꽃의 크기도 어찌나 큰지 제일 작은 것이 세계의 성을 합쳐 놓은 것만 하였다. 연꽃 안에는 층층마다 보탑이 있었으며 정자 누각이 빼어나게 아름다워 사람을 감동케 하였다.

연화 위의 사람은 황금색으로 투명하고 의상은 화려하여 각종의 빛을 내었다.

관세음보살님께서 말씀하시기를

"이 속에 인광 법사가 있는데 너는 아느냐?"하시기에

"그 분의 큰 이름은 오래 전에 들었으나 뵌 적은 없습니다."하니 연화중에 있던 한 남자가 변하여 인광법사의 원래 형태로 우리를 맞이하였다.

인광법사께서 말씀하시기를

"너는 인간세계에 돌아간 후 계로서 스승을 삼고 일심 염불하여라. 그리하여 신(믿음), 원(발원), 행(실천)

이 모두 갖춰지면 왕생할 것이라고 불자들에게 알려라. 그들은 자신의 총명만 믿어서 부처님과 조사님께서 제정한 법을 마음대로 고치고 불자로서의 행동을 멋대로 어기니 심히 통탄할 일이다."라고 하셨다. 이윽고 연화대 아래로 내려가자 커다란 누각이 나타났는데 길 위에는 기이한 새들이 아름다운 노래를 하는 가운데 하늘 음악이 울리며 염불 소리가 유유하게 들리고 있었다.

우리가 도착한 곳은 신선한 꽃향기가 가슴까지 시원하게 하였으며, 구슬 모양의 꽃잎에서 은은한 빛이 나오고 있었다. 누각 안으로 들어가자 그 경치가 다시 또 수승하되 눈앞의 일체 물건은 모두 빛을 발하고 있었다. 인광법사께서 나를 이끌고 누각 위로 올라가자 거기에는 여러가지 수정 거울이 있었다.

관세음보살님께서 가장 큰 거울을 가리키시며 "이 거울은 인간이 지닌 본성의 청정함과 망상이 있는가 없는가를 그대로 비출 수 있다."고 말씀하셨다.

누각 양 곁에는 칠보로 된 의자가 빛나고 있었으며 탁자 위에는 기이한 물건이 있었다.

이때에 관세음보살님께서

“너는 배고프지 않느냐?”하시기에 마침 배고픔을 느끼고

“이곳에서는 무엇을 먹습니까?”하고 여쭈었더니

“이곳의 음식은 하품과 같은 것이니 네가 무엇을 먹을 것인가를 생각하면 이내 그것이 온다.”라고 하시기에

“저는 흰밥에 맑은 국이 필요합니다.” 라고 하였더니 과연 밥과 국이 내 앞에 나타났다.

내가 다시 여쭙기를

“당신은 드시지 않습니까?”하니

“나는 일반적인 것은 먹지 않는다. 너나 먹어라.” 하고 말씀하셨다.

상품의 중생은 보살과 위에 있는 사람들 뿐이다. 그들은 음식을 먹고자 하는 욕망이 거의 없거나 아주 없는것 같았다. 이윽고 배부르게 먹자 남은 음식들이 홀연히 사라졌다.

관세음보살님께서 말씀하시기를
“자성이 청정하여 음식을 생각하지 않으면 마음이 허공과 같아지므로 아무것도 구하는 바가 없게되지만 조금이라도 망상을 일으키면 허공 중에 구름이 일어나는 것과 같아서 마음이 혼란하게 된다. 이와 같은 도리를 네가 이해하면 그 가운데서 삼매를 성취할 것이니라.”하셨다.

상품 왕생자는 망념이 최고로 적어서 다 진여실상과 같은 분들이기에 불퇴전 보살의 위치에 도달하신 분들이다. 이들은 한 순간에 아미타부처님의 원력을 빌려서 무수한 꽃과 잎, 공양품 등을 시방 제불께 공양하고 있다.

설법 시간에는 천만억 보살이 누각 혹은 보탑이나 칠행 대수 위에서 직접 아미타부처님의 설법을 듣는다.

내가 관세음보살님께 여쭙기를
“지구상의 많은 사람들이 극락세계에 왕생하였는데 어찌 그들의 친척들은 그들(왕생자)을 볼 수 없습니까?”하니

"지구인들은 업이 두터워 사물을 많이 볼 수 없다. 만약 일심염불하여 망상이 사라지면 마음이 허공 같아져서 지구인들도 극락의 모습을 볼 수 있다."고 말씀하셨다.

내가 다시 여쭙기를

"어떤 염불과 수행이 좋습니까?"

"선정쌍수 일심염불 염불참선하는 것이 좋은 방법이며, 이것을 정토선이라고 한다."고 말씀하셨다.

"청하옵건데 정토선 닦는 법을 일러 주소서"하고 여쭈었더니

"사람들이 양쪽으로 서서 염불하는 것이니 갑이 두 구절을 염불하면 을이 묵묵히 듣고, 을이 염불하면 갑이 듣는 방법으로 이렇게 하면 힘들지 않을 뿐더러 염불이 멈추지 않게 된다. 이와 같이 귀로서 듣는 방법으로 하다보면 곧 마음으로 염불하게 되어 심구여일해서 불성 자성이 드러나니 고요한 정이 생긴 즉 지혜가 나오는 것이다."라고 하시면서 시간이 없으니 빨리 아미타불 대탑을 보러가자고 하셨다.

얼마가지 않아 눈앞에 하나의 훌륭한 대탑이 나타났는데 높이는 최소한 몇만층으로 중국의 곤륜산보다 더 높아 보였다. 이 연화탑은 몇 개의 각을 이루고 있고, 분명히 기억할 수는 없으나 탑 전체가 투명한 빛으로 싸여 있으며, 무수히 금빛을 내뿜는데 속에서는 은은하게 나무아미타불의 염불이 나오고 있었다.

이 연화탑은 오로지 상품중의 수억만 왕생자를 공양하는데

탑의 크기는 인간이 상상할 수 없을 정도여서 지구를 몇십만개 합한 것보다 더 크게 보였다. 탑 속에는 화장세계의 모든 중생과 정경이 다 보이고, 몇 백억 제불 정토와 그 중생들의 수승한 정경이 보이는데 글로는 그 만분의 일도 전할 수 없었다. 상품중생이 그 국토에 도달하는 것도 찰라 간의 일일 뿐이다.

우리가 연화탑에 들어가자 에레베이터를 탄 것 같이 한층한층 위로 올라가는데 각 층이 모두 투명했고, 염불 소리가 끊이지 않고 들렸으며 30세

정도의 남자가 각층에 모여 있는데 그 복장은 같지 않았다. 이곳은 오로지 남자 뿐으로 연화대 위에 올라 염불을 하고 있었다.

관세음보살님께서 이 속의 정진은 여섯 때로 나뉘며 (두 때는 염불하고, 두 때는 선정을 익히고, 두 때는 휴식한다.) 현재는 염불시간이라고 일러 주셨다.

우리가 중앙의 한 층에 도달하여 보니 대보살님께서 중앙에 계신데 머리 위에는 빛이 나는 가운데 무수한 부처님께서 나타나셨다. 모두 아미타부처님의 모습이었으며, 그 가운데 광명에서 무수 억 부처님이 나타나시는데 대보살께서 내시는 빛 가운데서 화신 부처님과 만나고 있었고, 새들은 주위를 날면서 염불하는데 모두 빛을 내고 있었다. 이렇게 모든 불국토에서 부처님께 공양하는 모습들이 눈앞에 하나하나 나타났다.

11. 아미타불의 가르침

이윽고 구품 연화를 참관한 후 우리가 아미타 부처님의 앞에 나아가 3배를 드리자 아미타부처님께서 일구일구의 금구로 가르침을 주셨다.
"중생의 불성은 한가지로 평등하다. 의식이 뒤바뀌어 환(꿈)으로서 진(참)을 삼아서 인연 과보로 6도에 나고 없어지는데 윤회를 끊지 않으면 고통이 만가지라 내 48대원으로 중생을 제도하니 남녀노소가 신(믿음), 행(실천), 원(발원)으로 일심불란하면 이것이 정토선이다. 이 십념을 성취하면 반드시 왕생하리라."고 말씀하셨다.

내가 다시 가르침을 청하자.

"(1) 너는 사바세계와 인연이 있으니 구족을 제도하고자 한다면 정토선을 가르쳐서 선정쌍수케하라.

(2) 모든 종교는 서로 돕고 서로 장려하며 비방하지 말라. '너는 그르고 나는 옳다,' '너는 낮고 나는 높다'라는 것은 비방이니

이것은 서로 멸하게 할 뿐이다. 부처님의 8만4천 법문 모든 가르침이 다 진실하니 수행하는 자 사(삿됨)를 정(바름)으로 귀의시키고 마를 도로 변하게 하고 작은 것을 크게 하노니 모름지기 서로 돕고사랑하며 부처님의 바른 가르침을 잇거라. 이제 너는 속히 돌아가거라."

내가 여러번 감사드리고 길을 나서자 다리 아래의 연꽃이 허공을 박차며 날아가기 시작했다. 내가 돌아 올 때의 정경은 이미 앞에서 보았던 절, 보살, 사람, 천인을 보지 못했고 단지 극락에서 20시간을 보냈음을 기억하고 있는데 내가 느끼기는 하나의 돌 위에 앉아 있음을 알았다.

오래지 않아 날이 새고 정신이 점점 깨어나자 내가 하늘을 향해 3배한 후 소리치고 고하였으나 아무런 소식이 없었다.

내가 20여리쯤 산에서 내려와 적수가에 사람을 만나 이야기를 나누다보니 그 날이 1971년 4월 8일 이라는 것을 알았다. 자그마치 6년5개월의 시간이 지난 것이었다.

깨달은 자는 부처님, 미한자는 중생. 불법에 인연이 있어서 연을 만난 자 제도되노니 나는 이제 허운 노화상의 뜻을 이어서 널리 인연 있는 중생을 제도할 것이다. 원컨데 이 공덕이 일체에 두루 펴져서 우리 중생들이 다 성불하여지이다.

제6장

보리방편문

보리방편문菩提方便門

心은 虛空과 等할새 片雲集影이 無한 廣大無邊한 虛空的心界를 觀하면서 淸淨法身인 달하여 毘盧遮那佛을 念하고 次虛空的心界에 超日月의 金色光明을 帶한 無垢의 淨水가 充滿한 海象的性海를 觀하면서 圓滿報身인 달하여 盧舍那佛을 念하고 內로 念起念滅의 無色象生과 外로 日月星宿山河大地 森羅萬象의 無情象生과 人畜乃至 蠢動含靈의 有情象生 과의 一切衆生을 性海無風 金波自通인 海中漚로 觀하면서 千百億化身인 달하여 釋迦牟尼佛을 念하고 다시 波無量無邊의 淸空心界와 淸滿性海와 漚相衆生을 空性相一如의 一合相으로 通觀하면서 三身一佛인 달하여 阿(化), 彌(補), 陀(法)佛을 相念하고 內外生滅相인 無數相生의 無常諸行을 心隨萬境轉인 달하여 彌陀의 一大行相으로 思惟觀察 할지니라.

보리菩提란 깨달음(覺)의 뜻으로서, 보리 방편문

은 자신의 본 성품을 바로 보아(見性) 깨달음을 이루는(悟道) 방법으로 본래부터 선정禪定과 지혜智慧가 균등하게 갖추어져 있는 우리들의 마음을 한 가지 경계에 머무르게 하는 묘결 이다.

마음은 허공과 같을새 한 조각 구름이나 한 점 그림자도 없이 크고 넓고 끝없는 허공과 같은 마음세계를 관찰하면서 청정법신淸淨法身인 비로자나불毘盧遮那佛을 생각하고, 이러한 허공 같은 마음세계에 해와 달의 빛을 초월하는 금색 광명을 띤 한없이 맑은 물이 충만한 바다와 같은 성품 바다를 관찰하면서 원만보신圓滿報身인 노사나불盧舍那佛을 생각하며, 안으로 생각이 일어나고 없어지는 형체 없는 중생과 밖으로 해와 달과 별과 산과 내와 대지 등 삼라만상森羅萬象의 무정중생無情衆生과 그리고 사람과 축생 내지 꿈틀거리는 등의 유정중생有情衆生들의 모든 중생들을 금빛 성품바다에 바람 없이 금빛 파도가 스스로 뛰노는 거품으로 관찰하면서 천백억화신千百憶化身인 석가모니불을 생각하며, 다시 저 한량없고 끝없이 맑은 마음세계(淸空心界)와 청정하고 충만한 성품바다(淨滿性海)와 물거품 같은 온갖 중생들(漚相衆生)을 공空과 성품(性)과 현상(相)이 본래 다르지 않은 하나임을 관찰하면서, 법신法身 · 보신報身 · 화신化身의 세 가지 몸이 본래 한 부처님(三身一佛)인 아미타불阿彌陀佛을 항시 생각하면서 안팎으로 일어나는 모든 현상과 헤아릴 수 없는 중생의 덧없는 행동들을 마음의 만가지 경계에 따라 나타나는 미(報身) 타(法身)의 위대한 행동모습으로 생각하고 관찰할 지니라.

이에 菩提란 覺의 義로서 菩提方便門은 見性悟道의 方便이라 定慧均持의 心을 一境에 住하는 妙訣이니 熟讀了義한 후 寂靜에 處하고 第一節만 寫하야 瑞坐正視의 壁面에 付하여서 觀而念之하되 觀의 一相三昧로 見性하고 念의 一行三昧로 悟道함.

제7장

삼신일불

삼신일불三身一佛

우리가 부처님이라고 부르는 대명사는 크게 나누어 부처님의 세 가지 몸을 의미합니다. 곧 법신불法身佛·보신불報身佛·화신불化身佛입니다. 부처님의 공덕은 무량무변無量無邊하므로 알기 쉽도록 세 가지로 나누는 것입니다.

부처님의 법신은 우주 법계의 순수 한 생명 그 자체를 가리킵니다. 이것을 조금도 때가 묻지 않은 청정한 몸인 청정법신 비로자나불 이라고 합니다 비로자나(VAIROCANA)는 어둠을 제거하고 밝음을 시방세계에 두루 비추는 부처님의 지혜 광명과 영원히 불생불멸하며 일체의 중생을 생장시키는 부처님의 자비 광명의 덕을 가리킵니다.

이와 같이 법신法身은 거룩한 본성으로서 모든 존재를 생성하고 장엄하기 때문에 법신은 과거·현재·미래의 삼세三世를 초월하여 영원히 있으면서 일체 삼라만상의 가치를 창조하는 자비慈悲의 행을 갖추고 있으므로 이구理具의 부처님이라고 합니다. 이구理具는 일체중생의 몸과 마음이 본래 우주적 조화 속의 만다라 자체임이 이치로서 본래의 법신에 갖추어져 있음을 말합니다. 또한 법신은 항상 살아 있어서 일체의 중생을 비추고 중생의 원願에 감응感應하기 때문에 가지加持의 부처님이라고 합니다. 가지加持는 중생이 지극한 신심信心으로 부처님께 귀의하면 부처님의 대자비大慈悲와 지혜智慧로 중생에게 응應하여 중생에게 본래 갖추어진 무한공덕無限功德이 현실세계에 나타나는 것을 말합니다. 또 이 법신法身은 절대적 가치의 창조자로서 장엄하게 이 세계를 창조하고 있기 때문에 현득顯得의 부처님이라고 합니다.

현득顯得은 중생의 생각과 말과 행동으로 하는 수행이 모두 원만하게 완성 된 결과로 중생의 마음 안에 있는 부처님의 무량 공덕이 궁극적으로 나타나는 상태를 말합니다.

이 우주에 가득한 부처님의 청정광명淸淨光明 가운데는 자비나 지혜나 행복이나 어떠한 것이나 모두 원만하게 갖추어져 있습니다. 그것을 원만

보신 노사나불이라고 합니다. 법신과 보신은 서로 다른 것이 아니라 법신 이라고 하는 우주에 충만해 있는 부처님의 광명 가운데 들어있는 자비와 지혜, 행복…등의 모든 성품공덕이 보신입니다. 그리고 화신化身은 법신과 보신을 근원으로 하여 이루어지는 이 현상계現象界, 즉 태양계나 은하계나 또 산이나 지구나 우리 인간을 포함한 삼라만상의 모든 현상계가 화신化身입니다. 따라서 나도 화신이고 너도 화신이고, 자연도 화신이고, 천지만물이 다 화신입니다. 그러기에 나와 자연과 이웃은 하나라고 하는 것입니다. 그런데 화신의 견지에서는 그 수가 무수 무량합니다. 사람수도 많지만 수많은 종류의 중생이 있습니다. 생각이 없는 중생(無情衆生), 생각이 있는 중생(有情衆生), 눈에 보이지 않는 중생(無色衆生) 등 다양한 중생이 있습니다. 그 수가 이루 다 헤아릴 수 없이 많으므로 천백억화신千百億化身을 석가모니불이라고 합니다.

우리가 보통 석가모니불이라고 할 때는 좁은

의미에서 인도에서 왕자王子로 태어나 출가해서 도道를 성취한 그리고 부처가 되신 분이 석가모니불이라고 생각하지만, 광범위하게 대승大乘적인 뜻으로 살펴보면 나나 너나 천지 우주간의 모든 현상계가 다 천백억화신 석가모니불인 것입니다.

이 법신·보신·화신은 하나의 부처님입니다. 시방 삼세의 우주법계에 항상 충만해 있는 대생명大生命의 광명이 법신불法身佛이라고 하면, 그 속에 들어있는 자비와 지혜, 행복, 무한능력 등이 보신불이고, 이 법신과 보신을 근원으로 해서 이루어지는 현상계 전체가 화신불 입니다. 비유해서 말하자면 지금 끝도 갓도 없는 바다가 있다고 생각하면 그 끝도 갓도 없는 바다 자체는 법신불에 해당하고, 바다에 가득 차 있는 물은 보신불에 해당하며, 그 바닷물에서 바람 따라 일어나는 크고 작은 종류의 수많은 거품이나 파도는 화신불에 해당하는 것입니다. 또 태양에 비유할 때 태양 전체는 법신불에 해당하고, 태양의 광명은 보신불에 해당하며, 태양 빛의 그림자는 화신불에 해당합니다.

법신불은 모양이 있는 것이 아니라 텅 비어 있기 때문에 공空이라 하고 또는 아미타불에 배대해서 의미할 때는 아미타阿彌陀의 타陀에 해당합니다. 법신은 어디에 한정되어서 있는 것이 아니라 무제한적으로 우주법계에 충만해 있는 순수한 생명 자체이기 때문에 공空이라고 합니다. 그리고 원만보신 노사나불은 바로 그 한도 끝도 없는 법신에 들어있는 자비나, 지혜나, 행복이나…하는 등의 성품을 말합니다. 그리고 아미타의 미彌에 해당합니다.

그리고 천백억화신 석가모니불은 우주 법계의 모든 현상, 즉 나나 너나 일체 존재의 현상계인 상相을 말하고 아미타의 아阿에 해당합니다.

그러므로 아미타불阿彌陀佛이라는 것은 참다운 대승의 뜻으로 본다면 법신과 보신과 화신이 모두 한 부처님 안에 융합되어 있는 삼신일불三身一佛을 의미합니다.「아미타불」이것이 모든 사람을 포함한 삼라만상 속에 깃들어 있는 우주의 생명 자체를 가리킵니다. 우리 불자들이 '나무아미타불'이라고 염불할 때는 그 본원의 생명인 우리의 마음자리에 귀의한다는 뜻입니다.

부처님은 하나의 물질이 아닙니다. 물질이 아닌 생명 자체이기 때문에 완전히 시공時空을 떠나 있습니다. 그러므로 이 부처님 저 부처님이 따로 있는 것이 아닙니다. 따라서 부처님 이름도 약사여래藥師如來 부처님! 치성광여래熾盛光如來 부처님!… 그렇게 이름들이 많이 있지만 그것이 따로따로 몸이 있는 것이 아닙니다. 부처님의 공덕이 무수히 많지만 간단히 세 차원으로 나누어 법신, 보신, 화신으로 분류하는 것입니다.

그러므로 실은 부처님은 하나입니다. 무량무변의 끝도 갓도 없는 생명이 어찌 크고 작고 넓고 좁은 몸이 있겠습니까? 그래서 관세음보살이나 지장보살도 따로따로 있는 것이 아닙니다. 모두 하나의 순수한 생명자리입니다. 중생의 영혼을 다스려서 인도하는 의미에서는 지장보살, 대자비로 우리 중생을 제도하시는 부처님으로 볼 때는 관세음보살님, 또 지혜로서 우리 중생을 제도하는 면에서 볼 때는 문수보살, 광대한 행원行願으로 깨달음을 성취하는 면으로 볼 때는 보현보살인 것입니다. 따라서 여러분이 어떠한 불보살님을 선택해서 염불 하신다고 하더라도 여러분들의 마음만은 이와 같이 '삼신일불三身一佛이라, 부처님은 내 마음 안팎으로 우주 법계에 충만해 있구나'라고 생각하십시오.

불자님들! 마음을 열으 셔야 됩니다. 불교는 마음을 여는 공부입니다. 앞에서 얘기한 삼신三身이 바로 부처님이며, 그것은 또 바로 우리 마음입니다. 부처님을 생각하실 때는 항상 '마음'을 염두에 두셔야 합니다.

그리고 부처님 가운데 들어있는 법신·보신·화신의 공덕이나 내 마음에 있는 공덕, 지금 더러는 남도 미워하고, 못난 짓도 하는 그런 마음 가운데 들어있는 법신·보신·화신이나 똑같습니다. 따라서 불교라는 것은 어디까지나 자각自覺입니다. 스스로 본래 부처님을 깨달아야 참다운 신앙인이 됩니다. 그렇지 못하면 겉 신앙밖에는 못 됩니다. 참 신앙인이 되어야 자기도 구제하고 남도 구제할 수 있습니다.

방금 말씀드린 바와 같이 내 마음의 본래 자리가 바로 법신 부처님이고, 내 마음 가운데 들어 있는 자비나 사랑이나 행복이나 지혜 등이 보신 부처님이고, 또 내 마음의 공덕으로 이루어지는 우주만유宇宙萬有가 바로 화신부처님입니다.

나와 우주는 절대로 한계가 있는 것이 아닙니다. 우리가 진리를 생각할 때는 항상 우주 법계와 그 안에 살고 있는 모든 사람들을 포함한 삼라만상을 하나의 생명체로 보아야 합니다. 대승불교의 입장에서 볼 때는 절대로 나와 남이 둘이 아닙니다.

아까 말씀드린 바와 같이 우리 마음이 바로 부처입니다. 심즉시불心卽是佛이라! 우리 마음의 본성품이 부처입니다. 이렇게 생각하면 또 잘 이해를 못하시는 분들은 '우리 마음이라 하는 것은 욕심도 많고, 남들을 미워도 하고 좋아도 하고,

내 마음 내가 돌아보아도 하찮은 것인데 이것이 어떻게 부처일까?라고 생각하실 것입니다. 그러나 하찮은 이것은 자기 겉에 뜬 그림자 같은 허망虛妄한 마음입니다. 우리의 본심本心은 양지良知라, 우리의 본래 마음은 석가모니 부처님과 예수 그리스도와 공자와 같은 성인과 더불어서 절대로 둘이 아닌 것입니다.

우주를 사무쳐 보고, 우주와 한 생명인 그 마음이 우리의 마음입니다. 어떤 종교나 그 목적은 우리의 마음을 성자의 마음같이 활짝 여는 것입니다. 따라서 그런 차원에서 볼 때는 마음이 바로 부처입니다. 법신불 보신불 화신불 이것을 다 합한 것이 결국 내 마음의 본체本體이고 부처님입니다. 그래서 삼신일불三身一佛 곧 아미타불阿彌陀佛입니다.

(청화 큰스님의 법문 내용을 요약한 것입니다.)

제8장

극락세계 발원문

극락세계 발원문

연지대사

극락세계에 계시옵서 중생을 이끌어 주시는 아미타불께 귀의하옵고 그 세계에 가서 나기를 발원 하옵나니 자비하신 원력으로 굽어 살펴 주시옵소서. 저희들이 네 가지 인연 끼친 이와 삼계 중생들을 위하와 부처님의 위 없는 도를 이룩하려는 정성으로 아미타불의 거룩하신 명호를 일컫삽고 극락세계에 가서 나기를 원하나이다. 업장은 두텁고 복과 지혜 엷사와 더러운 마음 물들기 쉽삽고 깨끗한 공덕 이루기 어렵삽기 이제 부처님 앞에서 지극한 정성으로 예배하고 참회하나이다. 저희들이 끝없는 옛적부터 오늘에 이르도록 몸으로 입으로 또 마음으로 한량없이 지은 죄와 한량없이 맺은 원수, 모두 녹여 버리옵고 오늘부터 서원 세워 나쁜 짓 멀리하여 다시 짓지 아니하고 보살도 항상 닦아 물러나지 아니하여 정각을 이루어서 중생을 제도하려 하옵나니 아미타부처님이시여 대자대비하신 원력으로 나를 증명하시며 나를 어여삐 여기시며 나를 가피하시어 삼매에서나 꿈속에서나 아미타불의 거룩하신 상호를 뵈옵고 아미타불의 장엄하신 국토에 다니면서 아미타불의 감로로 뿌려 주시고, 광명으로 비춰 주시고, 손으로 만져 주시고, 옷으로 덮어주심 입사와 업장은 소멸되고, 선근은 자라나고, 번뇌는 없어지고, 무명은 깨어져서 원각의 묘한 마음 뚜렷하게 열리옵고 상적광토가 항상 앞에 나타나지이다.

또 이 목숨 마치올 제 갈 시간 미리 알아 여러가지 병고액난 이 몸에서 없어지고 탐진치 온갖 번뇌 마음에 씻은듯이 육근이 화락하고 한 생각 분명하여 이 몸을 버리기를 정에 들듯 하옵거든 그 때에 아미타불께서 관음, 세지 두 보살과 모든 성중 데리시고 광명 놓아 맞으시며 손들어 이끄시사 높고 넓은 누각들과 아름다운 깃발들과 맑은 향기 고운 풍류 거룩하온 극락세계 눈앞에 분명커든 보는 이 듣는 이들 기쁘고 감격하여 위

없는 보리마음 다같이 발하올제 이내몸 고이고이 금강대에 올라앉아 부처님 뒤를 따라 극락정토 나아가서 칠보로 된 연못 속에 상품상생 하온 뒤에 불·보살 뵈옵거든 미묘한 법문 듣고 무생법인 깨치오며 제 불을 섬기옵고 수기를 친히 받아 삼신 사지와 오안 육통과 백천 다라니와 온갖 공덕을 원만하게 이루어지이다. 그러한 후, 극락세계를 떠나지 아니하고 사바세계에 다시 돌아와 한량없는 분신으로 시방국토 다니면서 여러 가지 신통력과 여러 가지 방편으로 무량중생 제도하여 탐진삼독 여의옵고 깨끗한 참 맘으로 극락세계 함께 가서 물러나지 않는 자리에 오르게 하려 하오니 세계가 끝이 없고 중생이 끝이 없고 번뇌업장이 모두 끝이 없사올세 이내 서원도 끝이 없나이다. 저희들의 지금 예배하고 발원하는 온갖 중생에게 베풀어주어 네가지 은혜 골고루 갚사옵고 삼계유정들 모두 제도하여 다 같이 일체 종지를 이루어지이다.

광명진언光明眞言

옴 아모가 바이로차나 마하무드라 마니파드 마즈바라 프라바릍타야 훔

십 악 오역의 죄를 지은 사람이 두 서너번 듣기만 하여도 모든 죄업이 멸하고 죄를 많이 지어 죽어 지옥에 떨어졌더라도 깨끗한 모래에 이 진언을 백팔 번 외워서 그 모래를 그 사람의 시체나 그 무덤 위에 흩어주면 모든 죄가 소멸되어 곧 극락세계에 왕생하고 또 이 진언을 종이에 정하게 써서 시체 가슴에 덮고 염하면 영혼이 곧 정토에 나느니라.

마하반야바라밀다심경般若心經

반야바라밀다심경 관자재보살 행심반야바라밀다
般若波羅密多心經 觀自在菩薩 行深般若波羅密多

시 조견오온개공도 일체공액 사리자 색불이공 공
時 照見五蘊皆空度 一切苦厄 舍利子 色不異空 空

불이색 색즉시공 공즉시 색수상행식 역부여시 사
不異色 色卽是空 空卽是色 受想行識 亦復如是 舍

리자 시제법공상 불생불멸 불구부증부증불감 시
利子 是諸法空相 不生不滅 不垢不淨不增不感 是

고 공중무색 무수상행식 무안이비설신의 무색성
故 空中無色 無受想行識 無眼耳鼻舌身意 無色聲

향미촉법 무안계내지 무의식계 무무명 역무무명
香味觸法 無眼界乃至 無意識界 無無明 亦無無明

진 내지무노사역무노사진 무고집멸도 무지역무득
盡 乃至無老死亦無老死盡 無苦集滅道 無智亦無得

이무소득고 보리살타의반야바라밀다고심무가애
以無所得故 菩提薩埵衣般若波羅密多故心無罣碍

무가애고 무유공포 원리전도몽상구경열반 삼세
無罣碍故 無有恐怖 遠離顚倒夢想究竟涅槃 三世

제불 의반야바라밀다고 득아뇩다라삼먁삼보리고
諸佛 衣般若波羅蜜多故 得阿欲多羅三藐三菩提故

지 반야바라밀다 시대신주 시대명주시무상주시무
知 般若波羅蜜多 是大神呪 是大明呪是無上呪是無

등등주능제일체고 진실불허 고설반야바라밀다주
等等呪能除一切苦 眞實不許 故設般若波羅蜜多呪

즉설주왈 아제아제바라아제 바라승아제모지사바하.
卽設呪曰 渴帝渴帝波羅渴帝波羅乘渴帝菩提娑婆訶

아미타불 수행법

초판인쇄 : 2000년 11월 17일
2쇄 발행 : 2008년 8월· 23일

지은이 청화 큰스님 외
펴낸이 김재광
펴낸곳 솔과학
주소 서울 마포구 염리동 164-4 삼부골든타워 302호
전화 714-8655 팩스 711-4656
출판등록 : 1997년 2월 22일/제10-140
ISBN 89-87794-23-7

값 9,000원

큰스님의 설법의 깊은 뜻을 바로 알지 못하여 잘못 옮긴 점이 있으면 편집자의 책임입니다. 독자님들의 많은 지도 편달을 부탁드립니다.